contemporanea | duecentosettantasei

a Cesira
a M. e G., perché crescano liberi

ad Antonella
a Julia che diventerà elettrice
a un secolo dalla dittatura fascista

Gianluca Passarelli   Dario Tuorto

La Lega di Salvini

Estrema destra di governo

il Mulino

I lettori che desiderano informarsi sui libri e sull'insieme delle attività della Società editrice il Mulino possono consultare il sito Internet: **www.mulino.it**

ISBN 978-88-15-27905-7

Copyright © 2018 by Società editrice il Mulino, Bologna. Tutti i diritti sono riservati. Nessuna parte di questa pubblicazione può essere fotocopiata, riprodotta, archiviata, memorizzata o trasmessa in qualsiasi forma o mezzo – elettronico, meccanico, reprografico, digitale – se non nei termini previsti dalla legge che tutela il Diritto d'Autore. Per altre informazioni si veda il sito **www.mulino.it/edizioni/fotocopie**

Redazione e produzione: Edimill srl - www.edimill.it

Indice

Premessa. Autocensure e incomprensioni sulla Lega Nord — p. 9

I. La Lega di Salvini tra contesto nazionale e scenari internazionali — 15

    1. La Lega Nord, ancora — 15
    2. La sfida politico-organizzativa della Lega. Oltre Bossi, oltre Berlusconi — 18
    3. La sfida ideologica. Reagire alla crisi — 21
    4. Di estrema destra e nazionale — 23
    5. Di protesta e di sistema. Un partito di lotta nel governo — 27

II. Partito e leadership — 31

    1. La storia. Piccoli leader crescono — 31
    2. Come sostituire un capo — 35
    3. Il partito si fa verticale — 37
    4. La rivoluzione del «buonsenso» — 46
    5. I rapporti con la coalizione di centro-destra — 50

III. Lega e territorio. L'ossimoro del nazionalismo verde padano — 55

    1. Sui miti del successo leghista — 55
    2. La presunta nazionalizzazione della Lega — 58
    3. Con la lente di ingrandimento. La Lega nei comuni — 73
    4. Una Lega in tante zone. Ricucire la tela — 77

IV. Un partito di estrema destra per un elettorato di
    estrema destra   p. 81

   1. Di che cosa si parla quando si parla di Lega   81
   2. I profili sociodemografici degli elettori leghisti   83
   3. In fondo a destra   89
   4. Il populismo leghista   94
   5. Lontani da Bruxelles. L'altra Europa della Lega   98
   6. Non solo liberismo. Le posizioni sui temi economici
      e sulle politiche   104
   7. Ostili e tradizionalisti. Un elettorato culturalmente
      omogeneo   110

V. Lega e Movimento 5 stelle. Due facce della
   protesta   117

   1. Il malcontento come categoria politica   117
   2. Un Paese diviso. Dove vince la Lega, dove vince
      il M5s   122
   3. Voti che vengono da lontano   131
   4. Complementari alla meta. Gli elettori   135
   5. La sfida futura tra Lega e M5s   144

Conclusioni. Opportunità e limiti del nazionalismo
    leghista   151

Riferimenti bibliografici   161

[...]
ho sempre scritto i versi
con la penna
non ho ordini precisi di lavoro
ho sempre odiato i porci
ed i ruffiani
e quelli che rubavano
un salario
falsi che si fanno una carriera
con certe prestazioni
fuori orario.

P. Bertoli, *A muso duro*, 1979

I have a dream that my four little children will one day live in a nation where they will not be judged by the color of their skin but by the content of their character.
I have a *dream* today!

Martin Luther King Jr, 18 agosto 1963

E se credete ora
che tutto sia come prima
perché avete votato ancora
la sicurezza, la disciplina,
convinti di allontanare
la paura di cambiare
verremo ancora alle vostre porte
e grideremo ancora più forte
per quanto voi vi crediate assolti
siete per sempre coinvolti.

F. De André, *La canzone del Maggio*, 1973

Premessa
Autocensure e incomprensioni sulla Lega Nord

La Lega (Nord) è un partito di estrema destra. Ciononostante è rimasto al governo del Paese per quasi un decennio, senza suscitare ferme reazioni di opposizione collettiva né in ambito nazionale né nei consessi internazionali. Il voto del 4 marzo 2018 lo ha dimostrato, ne ha sancito il successo e l'ha candidato a governare. Un po' di scalpore, qualche protesta isolata e dichiarazioni verbose, spesso di circostanza. La beata sopravvivenza è stata possibile in virtù di una serie di fattori coincidenti, alcuni storici altri congiunturali.

Il cambio della leadership. Se ascolti Matteo Salvini intravedi un truce uomo che scimmiotta i bulli di periferia e ha costruito il suo posto di lavoro sulle disgrazie della (fu) Lega Nord. Se studi i leghisti puoi vedere, con lenti analitiche adeguate, alcuni storici problemi politici, sociali e culturali dell'Italia intera. Basta scegliere che cosa guardare. Salvini ha adottato una strategia elettoralmente vincente operando una profonda virata politica e culturale. Tuttavia, se la formazione da lui guidata è per certi aspetti profondamente diversa dal partito fondato da Umberto Bossi, su molti altri temi rimane in continuità, al di là delle distorsioni ottiche indotte dalla cronaca. Un chiaro esempio è rappresentato dall'evoluzione della questione federalista. Da movimento autonomista la Lega (Nord) ambisce oggi a diventare un partito nazionale, anche se per ora emerge solo un tratto nazionalista essendo la distribuzione territoriale dei voti troppo disomogenea. La Lega di Salvini è ancora una chiara espressione degli interessi sociali, economici e politici del Nord, quello profondo, dove tornerà probabilmente ad arroccarsi una volta esaurita la spinta espansiva nei territori un tempo profani del Sud.

Senza memoria collettiva. Il problema Lega è stato derubricato a folklore, movimento popolare (e perciò necessariamente da rispettare), «costola della sinistra» (*sic!*) e partito genuinamente «radicato sul territorio» cui ispirarsi come modello organizzativo, baluardo dell'identità comunitaria, argine all'immigrazione presunta incontrollata. Il terreno fertile dell'ignoranza civica ha trovato un approdo nel porto sicuro della legittimazione politica e culturale offerta da Forza Italia.

Legittimazione grazie a Berlusconi. I «barbari sognanti» hanno avuto accesso alle paludate stanze di Palazzo Chigi grazie all'indulgenza di Berlusconi, prima mediatore tra Bossi e Fini, poi di nuovo cerniera tra Salvini e Giorgia Meloni, in una triade mai scardinata che rappresenta la destra conservatrice e reazionaria e ne cementa i legami, indeboliti solo in momenti effimeri ma capaci di rinsaldarsi al momento opportuno. Senza la Lega Nord Berlusconi sarebbe stato meno al governo, e senza il Cavaliere la Lega Nord poteva al massimo ambire a un ruolo ausiliario.

Vento ultraconservatore. L'exploit leghista rappresenta solo un punto in una sequela di successi elettorali dei partiti nazionalisti e xenofobi. Marine Le Pen al secondo turno delle presidenziali francesi nel 2017 (bissando lo storico ballottaggio del padre Jean-Marie nel 2002), la vittoria di Donald Trump negli Stati Uniti, la presenza inquietante della destra xenofoba in Ungheria, di Anel in Grecia, dell'Afd come spina nel fianco della *Große Koalition* di Angela Merkel, e così via. La Lega Nord si è, infatti, alleata con Fratelli d'Italia in un duetto quasi mai duello che coltiva le paure italiche e ne ingrossa l'astio sociale. Insomma, le sortite di Salvini dovrebbero suonare come allarmi, ma vengono viceversa derubricate come *boutades*, esagerazioni caratteriali. Così non è e non dovrebbe essere. Nel 1999 l'ascesa al governo in Austria del partito di Jörg Haider coincise con una levata di scudi delle cancellerie europee. Per le ragioni dette, nel nostro Paese il capo di una formazione xenofoba ha varcato la soglia dei palazzi ministeriali. Peculiarità italiche.

Più che in passato la Lega si posiziona stabilmente all'estrema destra. La virata, compiuta ben prima del 2018, ha consentito al partito di legittimarsi come forza trainante della coalizione conservatrice, tanto da stravolgere l'egemonia in quel campo indebolendo l'area più centrista. Ancora, nello scenario emerso dal voto del 4 marzo la Lega compete e poi si accorda con la formazione antiestablishment per eccellenza, il Movimento 5 stelle, nel tentativo di monopolizzare il disorientamento sociale e ricomporre le istanze di cambiamento avanzate dagli elettori in una direzione unitaria. Uno scenario inedito in cui due *frères ennemis* si disputano l'egemonia politica e culturale in Italia. La Lega (Nord) è sintomo e causa, allo stesso tempo, di una parte delle difficoltà e incertezze che affliggono il Paese. Manifesta una febbre latente e acuisce dolori sociali lancinanti. In ogni caso non rappresenta una soluzione plausibile per problemi puntuali. I dati dicono questo.

La struttura del volume

Il volume si compone di cinque capitoli. Il capitolo 1 presenta alcuni interrogativi teorici di fondo che aiutano a inquadrare la questione Lega (Nord) a partire dalle sfide che si è trovata ad affrontare: quella organizzativa interna rispetto a cui va a definirsi l'equilibrio tra le diverse facce del partito, la sfida di coalizione che rimanda ai difficili rapporti con gli alleati, quella ideologica che attiene a temi e valori e al posizionamento rispetto a essi.

Il capitolo 2 ricostruisce gli assetti interni al partito e i cambiamenti organizzativi avvenuti a partire dalla segreteria Salvini. Nella scansione delle diverse tappe che hanno portato la Lega dalla crisi del 2012-2013 al voto del 2018 viene esaminato il ruolo del leader con l'obiettivo di capire se le caratteristiche che esprime risultino in continuità o in contrapposizione con il passato, dominato ovviamente dalla figura di Bossi. Aspetti importanti che trovano spazio per approfondimenti riguardano le dinamiche esistenti tra il leader e il partito (la base, gli amministratori, le correnti interne), così come tra il leader e le altre forze della coalizione.

La dimensione territoriale del voto alla Lega è l'oggetto del capitolo 3. In questo caso l'interrogativo è se la Lega sia diventata o meno un partito nazionale, se stia per diventare tale o se manchi qualcosa al suo successo per realizzare pienamente tale risultato. Questo approfondimento sulla distribuzione del voto alla LN per regione o macroterritori consente di sviluppare una riflessione più ampia su che cosa significhi votare il partito nelle diverse aree del Paese; non tanto, quindi, chi siano gli elettori ma quanto contino i fattori contestuali, la cultura politica del territorio, nel favorire, orientare o rendere più complessa l'espansione. O, anche, con quali altri attori e tradizioni di voto storicamente presenti si confronta la Lega, in che termini e con quali prospettive riesce a sfondare in territori dove non era prima insediata.

Il capitolo 4 è dedicato a ricostruire l'attuale struttura ideologica e i temi fondanti della Lega. In questa ricognizione ci muoviamo su due piani: uno è quello della proposta politica che proviene dal partito, che viene riportata in relazione agli scenari (nazionali e internazionali) entro cui prende corpo. L'altro è quello degli elettori, ossia dei soggetti che danno priorità o meno a determinate questioni, che si mobilitano compattamente o meno su determinate posizioni espressione della linea politica dettata dalla direzione del partito. Tra gli aspetti esaminati nel capitolo, il supertema della collocazione sinistra-destra trova ampia trattazione per l'importanza che assume rispetto alla costruzione dell'identità degli elettori. Il posizionamento sull'asse ideologico per eccellenza è anche il riferimento che connota l'azione del partito nella sua sfida alla conquista di altri voti (all'interno della coalizione) e, al contempo, ne sancisce la legittimazione a livello internazionale, nell'alveo dei partiti di estrema destra e antiestablishment. Tra i temi politici veri e propri, il capitolo si sofferma su due ambiti generali di questioni: quelle economiche e quelle relative alla dimensione culturale-valoriale. Il primo ambito rimanda (anche) al discorso sulla crisi, ai suoi effetti dal punto di vista delle condizioni dell'elettorato, del livello percepito delle difficoltà, ma anche degli orientamenti rispetto alla distinzione pubblico-privato o Stato-mercato. Sullo sfondo c'è la questione, un tempo fondamentale per il partito, del federalismo, esaminata in una prospettiva più ampia che chiama in causa le identità di gruppo, il nazionalismo, l'immagine dell'Europa. L'altro ambito di temi attiene alla sfera dei diritti, al rapporto con la religione e, soprattutto, ai discorsi cardine del pensiero leghista, quelli riguardanti l'immigrazione, la protesta e il populismo.

Il confronto, per certi versi inevitabile, con il partito che più di altri si propone di rappresentare il cambiamento in Italia, il Movimento 5 stelle, viene sviluppato nel capitolo 5. Il rapporto tra le due formazioni è indubbiamente complesso, come mostrano le vicende legate alla difficile formazione del governo di Giuseppe Conte. La rilevanza della comparazione risiede non solo nelle ragioni congiunturali e contestuali alla nascita dell'esecutivo, ma anche nella comune matrice di formazioni populiste e di protesta. Le affinità e le divergenze nei due profili di partito vengono ricostruite e spiegate guardando soprattutto agli elettorati che essi riescono a intercettare, e alle dimensioni analitiche rispetto a cui questi elettorati si sovrappongono e si distinguono.

Nelle Conclusioni, infine, mettiamo in evidenza le prospettive del progetto politico e ideologico della Lega, inclusa l'alleanza di governo con il M5s che rappresenta, forse, la scommessa più complessa e rischiosa per entrambi i partiti e per l'Italia.

Come consuetudine, è doveroso e opportuno menzionare quanti contribuiscono più o meno direttamente alla concezione, all'impostazione e alla stesura del volume.

È importante per noi ringraziare: «quelli che *non ha senso studiare la Lega Nord*»; «quelli che *la Lega Nord è morta*»; «quelli che *non volevano pubblicare il libro*»; «quelli che *la Lega Nord dopotutto dice cose sensate*»; «quelli che *ma siete leghisti?*». E amenità simili.

Piero Ignazi perché (ci) ha detto sempre parole molto distanti dalle banalità di cui sopra, *as usual*. Paolo Bellucci per averci sostenuto e per l'utilizzo dei dati Itanes. Salvatore Vassallo e Cristiano Vezzoni per avere discusso con noi di immigrazione e voto. I colleghi di Itanes per avere alimentato anche indirettamente le curiosità alla base del volume.

Tom Waits, Radio svizzera classica e Renzo Arbore per avere tenuto sveglio Passarelli durante le notti insonni passate a scrivere (mentre Tuorto ascoltava i Wilco). L'Istat, un'istituzione di cui andare fieri. Francesco Truglia per le informazioni sul voto geografico alla Lega Nord. Nicola D'Amelio per la cortese e costante collaborazione nel contesto dell'eccellente Direzione centrale dei servizi elettorali del Ministero dell'Interno. Enrico Galli per avere offerto il suo apporto. Federica Delogu per la collaborazione durante la rilevazione sugli iscritti alla Lega Nord, e per la pazienza con i tempi burocratici.

Monica Albertoni per il sostegno e l'entusiasmo nei confronti del nostro progetto editoriale nato nell'estate del 2017. La casa editrice il Mulino per avere creduto nell'intrapresa. Dario Monti per la sempre professionale revisione del testo.

Chiara Fiorelli e Piero Ignazi per i dati sul finanziamento ai partiti politici. Riccardo Benetti di Swg per la gentile concessione dei dati su patria e immigrazione. Francesco Marangoni e Luca Verzichelli per la disponibilità a fornirci i dati del CIRCaP sulla classe politica italiana. Alfredo Ferrara con cui abbiamo discusso i temi della comunicazione della Lega Nord. Michelangelo Gentilini per il supporto nell'elaborazione delle mappe geografiche del voto.

Giovanni Bachelet, Stefano Ceccanti, Augusto D'Angelo, Francesco Occhetta per le informazioni sulle interpretazioni del Vangelo e la dottrina della Chiesa cattolica.

Speriamo che questo libro, dato alle stampe in una fase complicata e incerta non solo per l'Italia, fornisca uno strumento di dibattito e approfondimento.

Infine, un grazie anticipato ai lettori del volume. Per i quali l'abbiamo scritto.

1. La Lega di Salvini tra contesto nazionale e scenari internazionali

> È vano il credere che l'Europa ne' suoi secoli selvaggi fosse altrimenti dalle terre che tali rimangono fino ai nostri giorni. L'Europeo trovò l'America e l'Australia in quello stato in cui pare che l'Asiatico trovasse l'Europa. Qui, pure, prima delle grandi nazioni dovevano essere i piccoli popoli, e prima dei popoli le divise tribù.
>
> Carlo Cattaneo, *Notizie naturali e civili sulla Lombardia*, 1844

1. La Lega Nord, ancora

Perché ancora oggi uno studio sulla Lega (Nord)[1], il più longevo tra i partiti italiani? Quale interesse può suscitare un nuovo approfondimento sul mondo leghista di cui si è scritto a lungo sulle forme organizzative, sulle capacità di mobilitazione e sulla cultura politica che ha prodotto? La risposta a queste domande non può nascere evidentemente dalla semplice constatazione che il Carroccio è tornato al governo del Paese, questa volta con un'inedita alleanza parlamentare con il Movimento 5 stelle. Prendendo sul serio le ragioni, anche controverse, alla base della sua affermazione, questo volume intende offrire una chiave di lettura sul fenomeno Lega, sulle opportunità e sui limiti di un partito che, dato per morto ma risorto molte volte, dal 2013 si presenta all'elettorato con una proposta politica, un'organizzazione interna e una leadership rinnovate. Il clamoroso e al contempo atteso successo del 2018 impone una riflessione approfondita sulle ragioni della rinascita leghista, sulle direzioni che tale rinascita ha accompagnato e favorito e sulle forme che ha assunto, con riferimento all'organizzazione, agli elettori, all'ideologia dominante. Il voto del 4 marzo 2018 è per la Lega un'inversione di tendenza se si pensa che cinque anni prima il partito aveva raggiunto appena il 4% dei consensi riuscendo a fatica a superare la soglia di sbarramento e a insediarsi in parlamento. Il 17% del 2018, livello apicale ottenuto in un'elezione politica, ha segnato di fatto uno spartiacque nella storia elettorale dell'(ex)Carroccio che, per la prima volta, ha superato Forza Italia primeggiando nella coalizione.

Tuttavia, pur essendo la forza che è cresciuta di più nell'arco di due elezioni, la sua prestazione positiva è stata rapidamente digerita nel dibattito pubblico, quasi come se fosse naturale attendersi un successo così eclatante da un partito che fino alle tornate elettorali precedenti aveva fatto fatica perfino a presentare il suo progetto politico e le sue liste a Roma, Napoli, Palermo; un partito che fino a cinque anni prima del voto di marzo veniva dato per agonizzante, marginalizzato a causa della profonda crisi morale, organizzativa e di legalità che lo aveva investito, delle lacerazioni interne e, soprattutto, del tramonto del suo leader storico Umberto Bossi.

Proveremo a rispondere alle domande sulla «cultura» politica alla base del voto per la LN (e sull'interesse che suscita) esplicitando da subito la tesi del volume. La storia di questo partito è inestricabilmente connessa alle vicende del nostro Paese, di cui ha rappresentato un'espressione evidente, assieme causa ed effetto, delle numerose crisi economiche, politiche e sociali prodottesi negli ultimi trent'anni, almeno dall'avvento della Seconda Repubblica o, meglio, della seconda fase del sistema politico italiano. La Lega è stata protagonista di alcuni passaggi di «crisi», come nel 1992, quando contribuì a destabilizzare il sistema partitico nato nel 1948 e a sancirne la fine, allorché fu alleato cruciale per consentire l'accesso al governo di Silvio Berlusconi, e quando, viceversa, decise di abbandonare il centro-destra consentendo al centro-sinistra di vincere sebbene fosse minoritario tra gli elettori. E ancora, l'ostilità verso l'euro, l'abilità di introdurre nel dibattito *la questione settentrionale*, la politicizzazione della religione quasi come negli anni Sessanta, l'enfasi sull'identità italiana, la legge sull'immigrazione che la equipara sostanzialmente a una condizione sociale criminogena.

La Lega di oggi è anche qualcosa di *molto diverso* rispetto al passato e al contempo in *forte continuità* con esso. Il partito, per lungo tempo uguale a sé stesso nei proclami, nel radicamento territoriale, nella classe politica che è riuscito a esprimere, rimarca oggi un'identità altra, enfatizzata dal nuovo corso del leader Matteo Salvini. Diversi sono gli elementi su cui è opportuno riflettere. In primo luogo, a presentarsi sulla scena politica è una formazione di respiro pienamente nazionale, quindi meno espressione di quell'istanza concreta e astratta della «Padania promessa» [Biorcio 1997], dell'«invenzione di una tradizione», di una comunità identitaria subnazionale. Al contempo, la connotazione ideologica del partito appare, più nettamente che in passato, ancorata a posizioni riconducibili per varie ragioni alla destra. Da questo derivano sia un'ostilità palesemente espressa, dalla sua classe dirigente e dal suo elettorato, nei confronti del fenomeno migratorio in tutti i suoi aspetti, sia un ulteriore riposizionamento nello scenario politico internazionale tra le formazioni che contestano l'Europa, l'euro e gli accordi commerciali.

Per alcuni versi queste evoluzioni seguono, accentuandoli, percorsi in larga parte tracciati quando a comandare il partito era ancora Bossi. Lo spostamento a destra, ad esempio, non è certo una novità nel mondo leghista essendosi già manifestato più o meno ininterrottamente dai primi anni Duemila. Diversamente, l'enfasi nazionale/nazionalista nella progettualità politica del partito, il cui effetto più immediato è stato il depotenziamento apparente dell'istanza nordista, deriva da una strategia di espansione elettorale ben più solida e ragionata del precedente e simbolico assalto alla zona rossa; strategia rafforzata dal tentativo di acquisire un ruolo di primo piano sulla scena internazionale contemporanea segnata dall'avanzamento del populismo radicale espressione della «nuova» destra [Ignazi 2003; Mudde 2007].

In questo libro sosteniamo che l'evoluzione in corso nel mondo leghista derivi dalla necessità di approntare un insieme di risposte organizzative e ideologiche per reagire a cambiamenti interni al partito, nel rapporto con le altre formazioni politiche della coalizione, così come a trasformazioni avvenute nell'elettorato di fronte a processi esogeni, su scala nazionale e internazionale. Allo stesso tempo però – ed è questo l'elemento che va evidenziato con maggiore attenzione – non siamo in presenza di una trasformazione palingenetica. La nuova fase del partito non va letta tanto come rottura rispetto al passato, quanto come una decisa accelerazione all'interno di un processo di lenta trasformazione al cui completamento ha contribuito anche la nuova congiuntura politica, economica e sociale.

La nostra tesi è che la Lega si sia spostata sempre più a destra, si stia proponendo come partito nazionale oltre il Nord e stia riecheggiando un'internazionale nazionalista più che la «primavera dei popoli federali», innanzitutto perché nel panorama italiano ha trovato, dentro queste collocazioni e prospettive politiche, uno spazio vuoto da occupare e condizioni più generali, di contesto, che spingono per una trasformazione in questa direzione. La crisi economica, le incertezze dell'Europa unitamente alla sua delegittimazione come entità di governo, il deficit di rendimento delle istituzioni e della politica nazionale, le difficoltà del bipolarismo di fronte a queste sfide hanno creato le basi per il cambiamento, a cui la Lega fornisce una delle risposte. L'altra, quella espressa dal Movimento 5 stelle, assume connotazioni che si distinguono da quelle leghiste, ma presentano anche alcuni elementi in comune. Non va dimenticato, però, che questi elementi di connotazione che fanno della Lega uno dei cardini del sistema politico italiano ne rivelano al contempo tutte le ambiguità: forza di protesta e assieme di sistema, ora anche di governo, riferimento politico del ceto medio benestante che ambisce pure a rappresentare il variegato e contraddittorio mondo degli impoveriti (o di coloro che si percepiscono tali), anello di congiunzione delle rivendicazioni settentrionali ma anche partito della nazione, formazione radicata nel centro-destra ma tentata dall'ambizione di egemonizzarlo e superarlo.

2. La sfida politico-organizzativa della Lega. Oltre Bossi, oltre Berlusconi

Come accennato, negli anni recenti la LN si è trovata ad affrontare diverse sfide che hanno messo in discussione la tenuta stessa del partito, la capacità di comprendere i mutamenti che hanno attraversato il suo mondo e l'elettorato nel suo insieme. Davanti a questi passaggi complessi la Lega ha reagito proponendo un progetto di rinnovamento «controllato», in parte ancorato al solco della tradizione, in parte agganciato alle opportunità fornite dai nuovi scenari politici nazionali e internazionali.

Partiamo dalla prima sfida, quella politico-organizzativa, che ha riguardato il partito, la sua struttura e le alleanze. Dopo la *débâcle* del 2013, con gli scandali interni e il rapido deteriorarsi della leadership di Bossi, la Lega ha rischiato concretamente di estinguersi, di sparire politicamente. Se sono note la difficoltà o la quasi impossibilità per un partito di sopravvivere alla fine del leader carismatico, nel caso del Carroccio si aggiungeva il fatto che la «decapitazione» fosse avvenuta per «tradimento» e non per estinzione naturale. Questa sfida è stata affrontata e gestita con efficacia e tempismo dall'attuale classe dirigente, che è riuscita a ereditare il partito dopo una breve parentesi di reggenza (la presidenza di Roberto Maroni) realizzando l'impensabile sostituzione del suo fondatore e dando vita a una campagna di moralizzazione finalizzata a ripristinare le condizioni di partenza. Con il passaggio dei poteri a Salvini, nel 2013, la Lega ha ritrovato una nuova leadership, certamente meno carismatica e diversa dalla precedente ma, come descriveremo più avanti, altrettanto efficace. Al contempo, ha compiuto un passaggio deciso verso un modello di partito più verticale, meno ancorato all'attivismo della base e all'azione amministrativa della classe dirigente locale. La centralizzazione del partito bossiano era infatti, in qualche misura, controbilanciata dall'azione dei militanti e delle strutture decentrate.

Un altro terreno su cui può essere misurata la capacità di resilienza del partito è quello della sua collocazione sulla scena politica. Il centro-destra, la naturale alleanza dentro cui la Lega ha costruito la scalata al governo fin dagli anni Novanta e contro cui ha tentato invano per un breve periodo di contrapporsi, è *quasi* inaspettatamente rinato nelle urne del 4 marzo 2018, che ne hanno sancito la persistenza e la vitalità. Tuttavia, proprio il successo del leghismo ha finito per aprire un fronte problematico nel rapporto con gli alleati. Nonostante l'ancoraggio all'alleanza, il futuro politico della Lega dipende anche dalla capacità di immaginarsi dentro e allo stesso tempo oltre il centro-destra controllato *pro tempore* da Berlusconi. Dopo il risultato favorevole del 2018 il testimone del comando elettorale è evidentemente passato a Salvini, legittimato più che in passato a compiere la scalata alla coalizione. Il suo partito domina il centro-destra: al centro assorbendo i voti di Forza Italia, a destra cannibalizzando l'area post e neofascista. E in più occasioni pubbliche lo stesso uomo di Arcore ha dovuto sancire l'avvenuto passaggio di leadership.

D'altro canto, i risultati parlano chiaro. La Lega vince quasi ovunque al Nord: prima, nel lontano 2010, il successo in Veneto con Luca Zaia; poi, nel marzo 2018, in Lombardia con Attilio Fontana; successivamente, nell'aprile dello stesso anno, in Friuli Venezia Giulia con Massimiliano Fedriga; infine, nel maggio 2018, con un avanzamento mai registrato prima anche in Valle d'Aosta. La capacità di presentare, in alcuni casi imporre, alla coalizione i propri presidenti (quasi sempre vincenti) in regioni chiave indica una maturità organizzativa e un peso politico notevoli. Tuttavia, il piano strategico dell'Opa sulla coalizione è ancora lungi dall'essere compiuto, almeno fino a che ci sarà il Cavaliere. La prevalenza della Lega in termini di voti ha portato il partito al limite dello scontro con Berlusconi e verso una pericolosa *impasse*. Nella fase successiva alle elezioni Salvini ha dovuto gestire il capitale di consensi sottratti (anche) all'alleato provando a guidare il polo conservatore, in cui Forza Italia è apparsa riottosa ad accettare la marginalizzazione. Ha dovuto al contempo governare la decisione circa le alleanze da fare o da evitare; decisione che si è risolta, almeno transitoriamente, con una clamorosa (non sappiamo ancora quanto lunga) separazione dalla coalizione a vantaggio di un governo «a tutti i costi» con il M5s. Per quanto nella storia della Lega le relazioni con l'uomo di Arcore siano state spesso ambigue su molti piani, la legittimità di comando del leader di Forza Italia non era stata mai messa in discussione prima. Al contrario, con il risultato positivo del 2018 Salvini ha dimostrato di essere in grado di surclassare l'alleato, in uno scenario in cui la coalizione non è però riuscita a massimizzare la sua vittoria proprio a causa della debolezza della componente moderata rispetto all'ala estrema. D'altro canto, la soluzione alternativa emersa due mesi dopo il voto, ossia il *contratto* di governo con il M5s, potrebbe essere esiziale per il partito. In caso di rottura, infatti, costringerebbe la Lega a un ritorno non scontato nell'alleanza di centro-destra, soprattutto qualora prendesse forma un polo conservatore popolare ed europeista che la vedrebbe più come un ostacolo che come una risorsa.

Il partito di Bossi ha sempre pagato l'isolamento, come dimostrato tra il 1994 e il 2000, allorché la forza elettorale non corrispose a capacità negoziale, né di *ricatto* né di *coalizione*. La Lega alleata di Berlusconi durante il suo primo governo aveva ottenuto ben 117 deputati a fronte di un risultato elettorale dell'8%. Nel 1996, quando corse da sola contro il centro-destra (contribuendo peraltro alla sua sconfitta), raggiunse un risultato maggiore in termini di consensi ma largamente inferiore in quanto a parlamentari (solo 59 rappresentanti alla Camera). Il rientro successivo in coalizione ha comportato per il partito un netto guadagno in termini di «rendimento parlamentare» del voto, fino a tradursi nei ben 126 deputati del 2018. Abbandonare l'alleato storico rappresenta quindi un'arma a doppio taglio: se la Lega dovesse intraprendere la strada autonoma otterrebbe probabilmente livelli di consenso e un numero di seggi che la costringerebbero comunque a cercare altre alleanze per giungere all'obiettivo del governo. A meno di non fondare un unico partito ultraconservatore, negoziando un accordo con Berlusconi oppure fagocitando quel che resta di Forza Italia.

3. La sfida ideologica. Reagire alla crisi

La terza sfida, forse la più complessa, è quella che vede la Lega Nord confrontarsi con l'insieme dei cambiamenti prodotti o accelerati dalla crisi economica e finanziaria. La composizione dell'elettorato uscita dalle politiche del 2018 è decisamente diversa da quella dell'ultimo governo Berlusconi, quando la congiuntura sfavorevole doveva ancora manifestare appieno i suoi effetti. Con la crisi si sono allargate le disuguaglianze sociali e il disagio ha finito per investire anche ampi settori del lavoro dipendente e del ceto medio produttivo, tradizionale bacino di voti della Lega. Le riforme del mercato del lavoro imposte dal regime di concorrenza su scala globale, assieme alle difficoltà di continuare a mantenere gli standard di spesa per la protezione sociale, hanno alimentato un malcontento che si è riverberato naturalmente sulla politica. Questa situazione generalizzata di insoddisfazione ha penalizzato, quasi ovunque in Europa, soprattutto i partiti socialisti e la sinistra, sebbene le cause stesse della crisi non fossero da attribuire allo Stato o a politiche pubbliche inadeguate bensì a inefficienze riconducibili al mercato e al sistema finanziario. La critica degli elettori si è rivolta poi, in molti Paesi, contro l'intero arco dei partiti tradizionali, identificato come il «sistema», investendo sia governo sia opposizione, ritenuti generalmente incapaci nel fronteggiare la recessione e la perdita di sovranità e di potere d'acquisto della popolazione. I principali partiti socialisti e popolari hanno ceduto consensi, fiducia e iscritti in Spagna, Germania, Francia, Gran Bretagna, Grecia, Portogallo e nei Paesi scandinavi, sfidati da forze populiste, partiti indipendenti e nazionalisti di destra.

Rispetto a questa ampia area di difficoltà e risentimento la Lega Nord è riuscita solo parzialmente a rappresentare l'attore politico di riferimento. Al di là dei proclami mediatici, la capacità del partito di intercettare i ceti più svantaggiati o impoveriti è tutta da dimostrare, mentre sembra più solida la relazione con gli attori forti dello sviluppo italiano da sempre bacino di consensi per il partito, quel ceto autonomo settentrionale [Bagnasco 1982; Berta 2007] che ha perso posizioni di vantaggio nel decennio appena trascorso ma che è riuscito in larga parte a risollevarsi superando le fasi più acute della crisi. Infatti, i consensi al partito sono tornati a crescere proprio quando la ripresa si è fatta più solida al Nord e, parallelamente, appariva evidente che Forza Italia non potesse più funzionare da garante politico della rinascita economica.

Al di là delle evidenze empiriche e dei dati oggettivi, non va dimenticato, però, che una parte importante del confronto politico e delle opportunità di successo si giochi oggi sul piano della capacità da parte dei partiti di costruirsi un'egemonia culturale, di fornire visioni (*Weltanschauung*) condivise e rassicuranti sul presente, tali da intercettare (se non orientare) le percezioni diffuse sull'economia, sulla qualità della vita, sul senso di sicurezza o insicurezza. Da questa prospettiva, lo spazio occupato dalla Lega può risultare effettivamente più largo e più efficace. I messaggi che il partito rimanda ai suoi elettori, e a quelli potenziali, appaiono particolarmente adatti ad attraversare le divisioni socioeconomiche e territoriali tradizionali che ne limitavano in passato l'azione e la capacità di penetrazione. Oltre al rinnovamento organizzativo interno e al cambiamento degli equilibri nell'alleanza di centro-destra il partito ha rifocalizzato la sua immagine sul piano politico-ideologico, dei temi proposti e anche della rilevanza a essi attribuita. In altri termini, è riuscito a chiarire in modo organico ed efficace che cosa sia necessario oggi per essere «leghisti del terzo millennio», parafrasando il titolo di un volume recente sul mondo neofascista italiano [Cammelli 2015].

Questa enfasi sul cambiamento, sostenuta dall'alto e direttamente dal leader Salvini, sembra avere incontrato consenso generalizzato tra la sua gente (e non solo). L'allineamento tra elettori e partito, soprattutto in una fase di cambiamento, non può essere dato per scontato. Questo valeva soprattutto per la Lega emersa dagli scandali del 2013, partito che Salvini ha ereditato e che ha provato a risollevare. Porre le priorità su alcuni temi o linee programmatiche in discontinuità con il passato poteva produrre malumori e critiche, specie da parte dei vecchi iscritti. Si pensi, ad esempio, alla minore importanza attribuita alla questione federalismo, da sempre essenziale per la vita del partito. Se è necessario mettere l'accento su quanto c'è di nuovo nel leghismo, altrettanto opportuno è richiamare il percorso seguito: da dove il cambiamento ha avuto origine, il tipo di evoluzione che si è determinato e, soprattutto, perché tale dinamica è diventata cruciale.

4. Di estrema destra e nazionale

Se si volesse individuare un solo tratto caratteristico della Lega contemporanea l'attenzione ricadrebbe, molto probabilmente, sulla sua collocazione politico-ideologica. Già da alcuni anni il partito ha assunto i tratti di una formazione di estrema destra, con tratti razzisti, xenofobi, politicamente e socialmente violenti. Il suo essere a destra viene declinato nei modi e con le forme che sono propri di una precisa area politica e di un delineato mondo culturale non solo nazionale; aspetti che rimandano a una comunità identitaria, alla chiusura verso l'esterno, al localismo. Questa connotazione di partito di estrema destra si riflette evidentemente anche nelle posizioni sui diversi temi al centro del dibattito politico, così come rispetto alle discussioni sull'Europa e sul ruolo degli Stati nazionali nello scenario globale. La nuova collocazione della Lega è, per molti versi, problematica. Porta, ad esempio, a incrociare la questione, delicata per la democrazia, di che cosa significhi e che conseguenze comporti un progetto di governo del Paese proposto da formazioni che acquistano egemonia e consensi elettorali nonostante il (addirittura, grazie al) loro posizionamento ideologico estremo e che sostengono, in ambiti chiave della vita pubblica, proposte intrise di sciovinismo, autoritarismo, darwinismo sociale.

Il posizionamento a destra della Lega non è certo una novità, essendo questo processo avviatosi fin dall'inizio degli anni Duemila, ma solo recentemente si è manifestato con maggiore enfasi e visibilità. Le prime ricerche sugli elettori leghisti (e italiani) effettuate negli anni Novanta del secolo scorso rimandavano l'immagine di un partito i cui voti provenivano soprattutto dal centro dello spettro politico-ideologico, come per la vecchia Democrazia cristiana. È a partire dalle elezioni del 2001, con il rientro nella coalizione di Berlusconi, che sono cominciate a prevalere le posizioni più estreme. Una quota sempre maggiore di chi votava Lega si è andata a collocare a destra e, soprattutto, ha cominciato a riconoscere il partito come nettamente posizionato in questo campo. Come rilevato, ma forse non troppo socializzato, la nascita del Popolo della libertà (Pdl) è stata per la LN una ghiotta occasione per iniziare a insidiare la leadership di Forza Italia e per sottrarre consensi al resto dei partiti della coalizione, *in primis* gli ex di Alleanza nazionale [Passarelli e Tuorto 2012a; 2012b; 2012c; Passarelli 2013].

La crescente importanza della questione immigrazione nella retorica politica leghista è forse la dimensione che più di altre aiuta a cogliere questa trasformazione. Gli atteggiamenti di forte chiusura nei confronti degli stranieri (ma anche dei meridionali quando gli stranieri erano ancora relativamente pochi) hanno a lungo rappresentato un *Leitmotiv* della cultura del partito. In questo caso si è andato delineando un rapporto reciproco (e perverso) tra opinione pubblica, sempre più preoccupata delle nuove presenze non italiane, e mondo leghista, che ha saputo alimentarsi di questo clima, ma anche contribuire ad accenderlo per monopolizzarlo o orientarne le rappresentazioni prevalenti tra l'elettorato, ora enfatizzando il pericolo economico («rubano il lavoro»), ora concentrandosi su quegli aspetti più connotati sul piano simbolico (l'immigrazione «pericolo culturale», la necessità di difesa attraverso le ronde, la riscoperta della cristianità contro l'Islam). In uno scenario di rilancio continuo della paura, l'elettorato della Lega è diventato via via più ostile rispetto agli stranieri non solo dell'elettorato italiano nel suo insieme ma anche dell'elettorato degli altri partiti del centro-destra, costruendo un terreno di confronto e sfida all'interno della coalizione.

Come avremo modo di mostrare più avanti, lo spostamento a destra si riflette su quasi tutti i temi rispetto ai quali il partito ha assunto una posizione chiara e l'elettorato in massima parte lo ha seguito. Anche in questo caso è necessaria una precisazione. In Europa i partiti di destra radicale presentano oggi una molteplicità di facce e, spesso, anche una varietà di posizioni sui temi. Se l'orientamento anti-immigrati costituisce un *frame* generalmente condiviso, le posizioni sui diritti civili, sull'ambiente e anche sulla religione tendono a essere più diversificate [Bornschier 2010]. L'elemento comune è la «chiusura culturale», il rifiuto dello *ius soli* a favore dello *ius sanguinis*. Mentre alcuni partiti sposano posizioni di apertura su aree specifiche (si pensi alla linea «eretica» sull'omosessualità di alcune formazioni nordeuropee), esiste una galassia della destra radicale europea, ad esempio quella che fa capo al «Gruppo di Visegrád» a cui la Lega guarda più da vicino, che si riconosce invece in posizioni etiche complessivamente più tradizionaliste e nazionaliste.

Coerentemente con questa strategia di riposizionamento ideologico si può leggere, sul piano programmatico, una torsione politica del partito che passa da movimento federalista, autonomista e secessionista a formazione che si proietta totalmente su scala nazionale. La metamorfosi imposta da Salvini è stata, su questo terreno, forse più netta, avendo richiesto, in primo luogo, l'abbandono tattico della battaglia secessionista per l'indipendenza della Padania – fondamento storico della tradizione leghista – attraverso alcune forzature simboliche come l'eliminazione del simbolo del partito e della parola «Nord» dal nome (ma non nella sostanza perché il comunitarismo valligiano tornerà comodo quando il vento in poppa calerà). Nella Lega di oggi l'indipendentismo ha lasciato il passo al sovranismo e ai temi classici della destra nazionalista: lotta alla mondializzazione, all'immigrazione, all'Europa della moneta unica, all'idea stessa di «democrazia pluralista» sostenuta dal pensiero liberale [Habermas 1981]. Ancora una volta, queste battaglie contro il cosiddetto «buonismo democratico» riecheggiavano già nella Lega di Bossi e di Calderoli, ma è nella stagione più recente che vengono inquadrate in una cornice nuova in cui l'idea di «partito del Nord» e la stessa questione settentrionale tendono a stemperarsi dentro un progetto di nazionalizzazione dei programmi, delle parole d'ordine e, soprattutto, dei consensi.

Una versione *nazionaleggiante* del leghismo si era palesata nel 2012, successivamente alla rimozione politica di Bossi che, peraltro, si era più volte schierato contro questo snaturamento della sua creatura nata per l'indipendenza (secessione o altro status variamente declinato) del Nord. Tuttavia, sul piano elettorale la Lega appare ancora distante dal realizzare tale obiettivo. I risultati del 2018 indicano che il partito si è consolidato nelle aree tradizionali, è cresciuto nelle regioni rosse e ha acquisito visibilità anche nel resto del Paese dove non era presente. La dilatazione del leghismo, oltre i confini della Padania prima e del Tevere poi, lascia aperta la questione decisiva di dove si collochi (o dove vada collocato in futuro) il baricentro del partito, il motore della nuova macchina. A prescindere dall'effettiva capacità di insediarsi anche significativamente in tutte le regioni, come vedremo nel capitolo 3, la Lega rimane un partito *del* Nord e radicato principalmente *nel* Nord. Nel Nord continuano a risiedere le diverse generazioni leghiste, quelle che hanno fatto il partito e che hanno contribuito alla sua ripresa nelle ondate di voto che si sono succedute per oltre un ventennio. Alla zona più ricca e produttiva del Paese Salvini probabilmente guarda e continuerà a guardare per cercare sostegno. Alle regioni, alle province, ai comuni che la Lega già amministra, non da ora, a cui continua a fare inevitabilmente riferimento come spinta propulsiva, come spina dorsale del voto e del governo locale che possa sostenerlo nel governo del Paese.

5. Di protesta e di sistema. Un partito di lotta nel governo

Negli ultimi anni la Lega Nord si è trovata a confrontarsi giocoforza con l'esplosione del voto populista e antiestablishment. Per quanto essa non nasca solo da quel mondo e per quanto il successo non possa essere semplicisticamente iscritto a queste dinamiche è evidente che, anche per la LN, si ponga la questione di come rapportarsi a forze che si contrappongono apertamente ai partiti tradizionali e, in alcuni casi, alle stesse istituzioni politiche nazionali e internazionali. La Lega occupa evidentemente una posizione anomala, per certi versi ambigua. Può essere considerata un partito antisistema, sebbene all'avvio della nuova fase politica post 1992 abbia governato il Paese assieme al centro-destra per *oltre dieci anni*, pur non rinunciando a minare l'assetto istituzionale. Un partito di lotta *nel* governo. Più che attestare esperienza e affidabilità agli occhi degli elettori, questo *curriculum* rischia oggi di farle occupare la posizione svantaggiosa dell'attore politico che incarna genericamente il vecchio. Se negli anni Novanta la Lega Nord si rafforzava proprio perché era contro la partitocrazia, gli scandali dell'ultima fase bossiana hanno appannato questa immagine. Non è un caso che la leadership attuale abbia provato a rilanciarsi riprendendo il vessillo della moralizzazione politica, cercando cioè un posto in quello spazio di opportunità che si è andato configurando negli ultimi anni e che è stato agitato prevalentemente dall'attore nuovo del sistema politico italiano, il Movimento 5 stelle.

Rispetto all'azione di riposizionamento nel campo della destra radicale, il rapporto della Lega con il populismo è più complesso. Nel percorso di ricostruzione di un partito tradito dai suoi fondatori è stato per primo Maroni, uomo politico solitamente moderato, a raccogliere la difficile eredità di Bossi proponendo la metafora della scopa come simbolo del rinnovamento e della «pulizia» interna. Dopo la parentesi Maroni, durata poco più di un anno, si è insediato Salvini, la cui azione populista si è proposta come il *nuovo* che si contrapponeva alla precedente classe dirigente, ritenuta responsabile del declino. Nella lunga storia del partito la presenza di orientamenti critici e ostili nei confronti della «politica di palazzo», che pure connotava il leghismo fin dall'origine, è stata sempre in qualche modo dosata e bilanciata da un modello di attivismo dei militanti vicino a quello dei vecchi partiti di massa, che si muoveva cioè nella prospettiva di promuovere integrazione più che rottura. Del resto, il radicalismo promosso nel partito e prodotto dagli elettori si esprimeva sia come ossessione contro le élite, sia come ostilità nei confronti di specifiche categorie sociali (meridionali, immigrati). Questo assetto tutto sommato coerente di rappresentazioni e pratiche, di protesta e di proposta appare ora compresso dentro uno spazio politico monopolizzato dalla spinta alla disaffezione.

L'esito del voto del 2018 ha mostrato l'intenzione dell'elettorato di premiare il partito di Salvini. L'interrogativo è: quanto di questa vittoria può essere letto attraverso le lenti della nuova linea di divisione sistema-antisistema e quanto invece è riconducibile a spiegazioni politiche più «tradizionali» che siamo stati abituati a considerare fino ad ora? Qual è, se c'è, la specifica declinazione leghista del tema populismo, antisistema, antiestablishment? Una possibile risposta a tali questioni è quella per cui l'aumento di consensi per una formazione non nuova come la Lega sia da attribuire, in qualche modo, alla sua capacità di incrociare i sentimenti di contestazione emergenti e diffusi nell'elettorato proponendo, al contempo, un approdo ideologico chiaro e riconoscibile, ancora dentro la contrapposizione sinistra-destra. Detto in altri termini, la LN si propone come un attore *challenger* del Movimento 5 stelle rispetto al tentativo di intercettare i voti in uscita dai partiti tradizionali, ma mettendo in campo una strategia più articolata, che mira a catturare fasce di elettorato critiche e politicamente strutturate, orientate al futuro ma formatesi nel passato, intenzionate a protestare e a cambiare ma senza rinunciare agli strumenti ideologici e identitari già a disposizione, ossia il posizionamento nel campo della destra più estrema.

nota

[1] Da qui in avanti useremo la denominazione Lega o Lega Nord e l'abbreviazione LN.

2. Partito e leadership

> Quasi tutte le persone sono in grado di resistere alle avversità. Se vuoi testare davvero il carattere di un uomo, dagli il potere.
>
> Abraham Lincoln

1. La storia. Piccoli leader crescono

In vista delle elezioni politiche del 4 marzo 2018, alla notizia della condanna a 2 anni e 3 mesi di Umberto Bossi per essere stato «consapevole concorrente, se non addirittura istigatore, delle condotte di appropriazione del denaro» del partito, proveniente «dalle casse dello Stato», «per coprire spese di esclusivo interesse personale» suo e della sua «famiglia», Matteo Salvini reagisce: «Dispiace, ma parliamo di un'altra era politica», «Ci siamo rinnovati in uomini e progetti» («il Giornale», 10 luglio 2017). Basterebbe questa breve e acida dichiarazione per rappresentare plasticamente il cambiamento politico che ha investito la Lega Nord. Tuttavia, la distorsione ottica è dietro l'angolo se non vengono ricostruite le fasi della transizione, assieme repentina e profonda, dalla guida del *Sénatur* a quella di «Noi con Salvini», passaggio intermedio per l'approdo alla Lega di Salvini.

Le parole dell'attuale leader trasudano cinismo, ottimo viatico per qualsiasi politico, velleità di storia e tracotanza dei *parvenus*. Indicano altresì quale sia stato il nuovo «Manifesto» leghista del dopo Bossi. Un partito, troppo frettolosamente dato per spacciato, che conservava risorse umane, organizzative e ideali in grado di sopravvivere, mutando nella continuità, ai propri padri fondatori. Quelle parole nascondono un cambiamento vero, certamente non recente, non recepito pienamente da politica e mass media, e una continuità dimenticata, silente ed efficace, prematuramente relegata a passato remoto e archiviata.

L'entità dell'innovazione e la persistenza della tradizione vanno misurate, e per farlo è necessario utilizzare dei parametri, qualche indicatore e a volte degli indizi. Il partito denominato «Lega Nord» ha promosso e/o subito dei cambiamenti in quanto organizzazione: questo è l'assunto di partenza da cui muoveremo. Le dimensioni analitiche che prenderemo in esame riguardano la leadership, gli uomini e le (poche) donne, il progetto della Lega (Nord) di Salvini. Proveremo a delineare gli elementi essenziali per verificare quanto siamo di fronte a un diverso partito rispetto alla Lega degli albori.

Salvini è stato abilissimo. Ha condotto una campagna elettorale impeccabile. Capace di risultare innovatore agli occhi e alle orecchie degli elettori, proprio perché ha innovato. Si è offerto interamente al gruppo di consulenti che ha curato la sua immagine, la comunicazione, il programma, il sito web, le dichiarazioni, le apparizioni in Tv, la gestione dei social network. Un lavoro professionale, efficace. Da uomo politico, che ha fatto solo politica ed è risultato per molto tempo eletto in diversi enti nazionali e locali, Salvini è riuscito ad apparire un castigatore della *vecchia* classe dirigente. E lo ha fatto in una fase in cui sia l'attenzione sia la riprovazione e la sfiducia verso i politici erano massime.

Salvini è stato veloce, coniugando ambizione e capacità di riempire un vuoto generatosi tanto nel partito quanto nella coalizione di centro-destra. La successione a Bossi, con la conseguente ascesa alla testa di un partito indebolito rispetto al passato sul piano organizzativo, è stato il primo passo per porsi quale attore centrale dello scenario politico leghista e anche italiano. La seconda chance, colta prontamente da Salvini, è stata la destrutturazione di Forza Italia, indebolita dai crescenti problemi politici di Berlusconi e dalla sua incandidabilità, tanto da far diventare contendibile la leadership stessa della coalizione. In questo contesto di lentezza e rigidità al cambiamento Salvini ha intessuto e costruito la sua trama politica dentro e contro la vecchia organizzazione del centro-destra.

In Francia li chiamano *langues de bois*, ossia il «politichese», argomenti basati su stereotipi. Salvini, pur facendo incetta di stereotipi e banalità qualunquiste, è apparso un innovatore. Non solo per la *lentezza* di quasi tutti i suoi avversari, ma per la sua stessa capacità di parlare schietto, franco, diretto, abile ad arrivare. Salvini è stato efficace, è intervenuto nella politica italiana tra il 2013 e il 2018 come un tornado. Ha capito, e glielo hanno spiegato bene i consulenti, che bisognava parlare la lingua «comune», agitare paure, avanzare proposte divisive che mettessero in cattiva luce la classe dirigente al cospetto del popolo italiano. Tratto tipico del populismo l'enfasi sulla dicotomia «noi/loro», sulle virtù del popolo e sulle nefandezze dei «poteri forti», di burocrazie talmente distanti dal cittadino comune da far risaltare demagogicamente la professata irresponsabilità di tali istituzioni. Nella retorica di Salvini trovano spazio un chiaro riferimento xenofobo e razzista appena velato dall'interesse nazionale mal definito, e la protesta contro i governi in carica e contro le istituzioni rappresentative nazionali e sovranazionali.

Le note asettiche sul sito web istituzionale del Senato della Repubblica indicano che «al momento della candidatura», Matteo Salvini aveva ricoperto la carica di «consigliere comunale a Milano» (dal 1993 al 2012) e di «europarlamentare». Eppure nel Paese dalla memoria brevissima è sembrato si trattasse di votare per un giovane alle prime armi della politica. Salvini *non* è giovane posto che è nato nel 1973, ma per gli standard italiani è considerato un *enfant*. Per quasi i due terzi della sua vita ha ricoperto cariche politiche, sebbene si eserciti spesso nel fare il castigatore, insieme al M5s, dei politici di professione, della classe dirigente del Paese. A 20 anni, e per vent'anni, è stato eletto consigliere comunale a Milano, dove ha coltivato la sua base elettorale, ha forgiato l'azione politica e si è distinto per le proposte in tema di immigrazione, sicurezza e «identità» lombardo-padana. Formalmente Salvini è iscritto all'ordine dei giornalisti (dal 2003) e ha svolto tale professione presso Radio Padania e «La Padania», entrambi organi ufficiali del partito. Il salto di qualità lo fa nel 2004 allorché è eletto al Parlamento europeo, dove verrà confermato nel 2009 e nel 2014.

L'analisi del voto di preferenza per Salvini alle elezioni europee fornisce un quadro assai interessante circa l'importanza che ha progressivamente assunto il futuro leader leghista all'interno del partito. I voti ottenuti alle elezioni del 2004, 2009 e 2014 indicano una netta dinamica di crescita del peso specifico del voto per la sua persona. Da una percentuale di consensi «personali» irrisoria sul totale dei voti di lista alla LN (0,9% nel 2004), Salvini è passato a rappresentare un quarto dei voti per il suo partito nel 2014 (23%; 2,2% nel 2009). Una dinamica analoga si è registrata anche a livello regionale, laddove l'influenza elettorale del voto «per Salvini» è passata da valori irrilevanti fino a una significativa incidenza in Piemonte e Veneto (18%) e in Lombardia (26%), con Milano e altre province lombarde saldamente in testa sia nel 2009 sia nel 2014. In quest'ultimo caso emerge un dato molto significativo per la futura leadership di Salvini quale capo della LN e «candidato» alla presidenza del Consiglio. Le prime trenta province in cui il peso delle preferenze personali risultava più elevato si concentravano nelle regioni del Centro-Sud, tra il 56% di Cagliari e il 35% di Chieti, appaiata con Milano. È la conferma empirica della capacità di Salvini di essere riconosciuto e riconoscibile non solo nelle roccaforti storiche del partito, ma anche nel resto del Paese.

La carriera politica di Salvini si consolida proprio tra Bruxelles e Strasburgo. Infatti, sebbene sia stato eletto alla carica di deputato al parlamento italiano sia nel 2008 sia nel 2013, ha dovuto rinunciarvi per mantenere l'incarico europeo, stante l'incompatibilità tra i due mandati. Fino alla disfatta bossiana del 2012 Salvini è una mezza figura del partito. Si limita a goliardate nelle riunioni machiste dei giovani padani a Pontida e dintorni, alza il tono sugli immigrati mentre frequenta, con scarso profitto, le sedi istituzionali comunitarie. Del resto, fino a pochi anni prima la politica e gli elettori italiani inviavano tra i banchi d'oltralpe gli esponenti politici minori e meno qualificati, salvo eccezioni nel cui novero non rientra probabilmente il Nostro per patente inadeguatezza al confronto con parlamentari avvezzi a parlare più di una lingua, a presentare progetti di legge, a intervenire con competenza e cognizione di causa.

Non è un caso che, durante la segreteria di Bossi, non si sia mai distinto per prese di posizione eterodosse, almeno finché il carisma del fondatore è scemato. Un *cursus honorum* svolto esclusivamente all'interno del partito rende quindi poco credibile la critica che rivolge a dirigenti di partiti a lui opposti allorché segnala che trattasi di personale politico non in grado di essere in sintonia con i cittadini. Un pensiero debole, espressione di populismo. Salvini è un politico di professione, «non ha mai lavorato», come direbbero gli epiteti leghisti (il lavoro di giornalista è certamente tale, ma non nella propaganda del partito). Nel vortice dell'antipolitica, che poi è sentimento antidemocratico, il *curriculum vitae* di Salvini è stato accolto quasi fosse un innovatore della politica italiana.

2. Come sostituire un capo

La segreteria della Lega Nord è cambiata, è evidente. La sostituzione della leadership è stata possibile grazie all'uscita involontaria di scena del capo carismatico e fondatore del partito. La malattia, le vicende giudiziarie e la debolezza del gruppo dirigente vicino a Bossi hanno segnato come inevitabile la fine di un'era di comando indiscusso e per certi versi indiscutibile. La scalata alla guida dell'organizzazione si è concretizzata poiché Salvini ha colmato un vuoto generato dall'abbandono del vecchio leader, realizzando un'alternanza che è stata possibile per mancanza di sfidanti. Salvini, da uomo di partito che ha ricoperto molte cariche, è stato in grado di accedere alla guida della Lega Nord poiché ne conosce i gangli amministrativi, organizzativi e politici, nonché la «mitica base», i militanti che hanno tenuto in vita il movimento dopo lo scandalo dei «diamanti in Tanzania».

Quando il galeone leghista quasi affonda, ha l'intuito (o la fortuna) di rimanere nel partito. Si inserisce nel vuoto di leadership che Maroni non riesce a colmare, poiché preferisce utilizzare lo spazio disponibile come trampolino di lancio per la candidatura alla presidenza della giunta regionale della Lombardia, lasciando la strada libera a Salvini per la guida definitiva del partito. Questa divisione di ruoli riprende la distinzione tra l'ala movimentista e quella governativa incarnata da Maroni, tra le velleità secessioniste e le spinte riformatrici. Salvini capisce rapidamente che il partito non c'è più, che è paradossalmente scoperto proprio sul lato della moralità, ossia su quel tema forte esibito nelle vecchie immagini del Nord «dalle uova d'oro» ingurgitate da «Roma ladrona».

Indossando felpe kitsch, trasandato al limite dell'irrispettoso per l'interlocutore e le sedi istituzionali che calca, Salvini punta su sé stesso. Un *self-made man* della politica che prova a darsi un progetto di alterità rispetto ai due temi che avevano presa sull'elettorato italiano. Il primo è la corruzione/moralità, in auge fin dal 1992, quando la Lega lombarda tuonava contro il malaffare a fianco della magistratura, e che ritorna con la proposta di un nuovo corso politico nella frenetica rincorsa al *Nuovo* ben descritto da Marco Damilano [2017]. Il secondo tema è l'immigrazione, che spiega quasi da solo lo spostamento a destra, riuscendo prima a destrutturare e poi a incorporare le varie questioni del dibattito pubblico nell'Italia postcrisi: economia, lavoro, esclusione, marginalità, globalizzazione.

Come già ampiamente sottolineato, l'abilità di Salvini è stata quella di capire che la proposta della Lega *del* Nord non funzionava più e, se reiterata, avrebbe condotto il partito in un vicolo cieco. In realtà lo aveva capito anche Bossi, che abbandonò presto le velleità dell'identità lombarda, del dialetto e del popolo autoctono laborioso. Miti e riti da recuperare solo in campagna elettorale per serrare i ranghi e per soddisfare appetiti identitari buoni a scaldare il cuore dei militanti in prima fila. Scoperto il bluff dei «fucili bergamaschi» con cui fare la rivoluzione e fallita la secessione coi carri armati di latta, era necessario ribadire e ricostruire un profilo e un ideale che tenessero insieme la sfida allo Stato nazionale e la partecipazione al governo del Paese.

La Lega Nord del post Bossi aveva bisogno di un appiglio di carattere più generale, qualcosa che esondasse i confini del Po. Sulla spinta del «movimento delle scope», nato per ripulire il partito dalla corruzione, una parte dello stesso gruppo dirigente inventò in maniera frettolosa la politica o meglio lo slogan «Prima il Nord». Ma era un'idea confusa, nascosta tra il modello federale bavarese, l'Europa delle regioni e i vagiti del «Prima gli italiani» che sarebbero venuti di lì a poco. Servì però a far dimenticare un po' del passato torbido delle vicende del «cerchio magico», a ricompattare le truppe e a sostenere Maroni verso la presidenza della Lombardia. Venne ripreso come slogan per il raduno di Pontida del 2013, proprio da Salvini. Il quale alla fine dello stesso anno diventa segretario federale della Lega Nord sbaragliando Umberto Bossi (e con l'82% dei voti) nella consultazione tra gli iscritti. In occasione della proclamazione ufficiale al congresso straordinario svoltosi a Torino, Salvini rilascia una dichiarazione programmatica chiara e inequivocabile, quasi a sancire la sua piena legittimità a dettare la linea:

> A livello internazionale la priorità è sgretolare questo euro e rifondare questa Europa. Sì, quindi, alle alleanze anche con gli unici che non sono europirla: i francesi della Le Pen, gli olandesi di Wilders, gli austriaci di Mölzer, i finlandesi... insomma, con quelli dell'Europa delle patrie. («La Padania», dicembre 2013)

3. Il partito si fa verticale

Nella sua scalata al vertice della Lega (Nord) il nuovo segretario è stato certamente abile, con doti di imprenditorialità politica non comuni che hanno reso possibile l'impensabile istituzionalizzazione del partito [Panebianco 1982], ossia la sopravvivenza alla morte politica del capo. Durante la segreteria di Bossi vigeva il potere carismatico che, come tale, poteva anche tenere poco in conto i momenti formali [Barraclough 1998]. I congressi, come del resto – *mutatis mutandis* – nel caso di Forza Italia [Ignazi 2014], sono stati meno di dieci in vent'anni. Le espulsioni di figure, anche di rilievo come quella di Maroni, erano frequenti e la leadership di Bossi indiscussa poiché indiscutibile, almeno finché permaneva nella sua dimensione di «potenza rivoluzionaria». Quando arrivano i problemi di salute, le difficoltà elettorali, infine gli scandali del «cerchio magico», si scalfisce l'immagine aurea del leader carismatico.

Va sottolineato che il «pugno di ferro» con cui la LN gestiva la propria organizzazione faceva riferimento chiaramente alle due dimensioni interna ed esterna del comando. Nel primo caso Bossi controllava in forma pervasiva il partito determinando carriere, candidature, strutturazione della gerarchia. Sul versante esterno, il *Sénatur* era in grado di condurre il partito sulle sponde della propria scelta politica, sovente fatta di inversioni e mutamenti strategici. L'«assolutezza» del potere bossiano, come ogni forma di potere, va considerata alla luce della configurazione assunta dalla coalizione dominante, ossia di quadri, esponenti locali legati a strutture territoriali, a filiere di interessi, tradizioni e candidature. Con queste figure Bossi, volente o nolente, doveva ragionare, negoziare, mediare. La presenza della struttura del partito rappresentava una risorsa, soprattutto in periodo di crisi, ma anche una potenziale zavorra per l'azione «indipendente» della leadership.

Nel caso di Salvini il forte ridimensionamento del partito, sia dal punto di vista organizzativo sia in termini di classe dirigente intermedia tra la base e il segretario, ha contribuito a una verticalizzazione nell'assetto governativo interno a favore della leadership, perfino superiore al periodo della guida carismatica di Bossi. Quest'ultima comunque consentiva e assecondava un comando autorevole, mentre l'assenza di autorevolezza derivante dal non-carisma induce Salvini a ricorrere all'autorità. Non è un caso che la coalizione dominante del partito sia completamente governata da Salvini e l'articolazione interna sia molto meno differenziata rispetto al periodo della segreteria Bossi.

La leadership è al momento indiscussa e indiscutibile per capacità organizzative, risultati ottenuti e visibilità esterna, nonché per la presa che ha sui militanti e il livello di conoscenza della struttura del partito. I gruppi interni, l'eventuale alternativa e uno sfidante potranno emergere solo nei prossimi anni, anche in ragione della minore esperienza politica dei gruppi parlamentari del 2018, comunque molto legati politicamente a Salvini. Tuttavia, rispetto al passato il riconoscimento del nuovo capo del partito non sembra basarsi ancora sul prestigio, ché non si conoscono qualità e competenze specifiche, né sulla stima da esso derivante. A dare legittimazione sono, per ora, eventi normali e non «rivoluzionari», passaggi elettorali e non visioni del mondo come la secessione o la *devolution* posizionate dentro un orizzonte ideologico destinato a resistere alla leadership *pro tempore*.

Più che di «carisma» nel caso di Salvini possiamo parlare di «popolarità». Prima del voto del 4 marzo 2018 il grado di apprezzamento per la sua figura, come rilevato attraverso i dati Itanes, era particolarmente alto tra quanti avrebbero votato per la Lega (l'89% esprimeva un giudizio abbastanza o molto positivo), ma anche tra coloro che si sarebbero orientati a favore di Fratelli d'Italia (65%) e di Forza Italia (60%). Al contrario, tra gli elettori dei partiti di centro-sinistra la quota di quanti esprimevano apprezzamento per Salvini non superava il 5%, indicando quindi una forte polarizzazione del consenso sulla sua figura dentro e fuori dalla coalizione di riferimento.

Il cambiamento appena illustrato indica un processo interessante di partito carismatico che si istituzionalizza dopo la «morte» politica del leader. La letteratura sul tema segnala come quasi impossibili, o comunque assai improbabili, il passaggio del testimone e la consunzione del partito coincidente con la fine del carisma. Nel caso della Lega Nord vanno evidenziati, come già fatto in passato [Passarelli e Tuorto 2012b], elementi di similitudine con il Front National. Durante la guida di Jean-Marie Le Pen il leader in quanto capo fondatore e carismatico era indiscutibile e il controllo del partito non contendibile. La struttura verticistica e l'impronta personale di Le Pen non impedivano tuttavia che ci fosse confronto politico, a volte anche serrato. Sebbene l'esito della tenzone fosse quasi sempre appannaggio di Le Pen, la presenza di quadri, militanti e strutture organizzative decentrate generava conflitti tra partito centrale ed esponenti in cerca di visibilità, carriera o in semplice dissenso dal leader. La loro forza risiedeva nel rapporto con la base, nei circoli del Front National e nel controllo di voti in determinate aree del Paese. Non sorprende, quindi, che tali dinamiche inducessero il capopartito a negoziare, a concedere, a mediare. L'«uccisione» politica del padre ha consentito a Marine Le Pen di estromettere il fondatore dal partito, in realtà consumato dalla vecchiaia e non più elettoralmente in grado di ottenere risultati dopo l'exploit presidenziale del 2002. Solo a seguito di questa azione i quadri e i corpi intermedi sono stati definitivamente assoggettati alle esigenze di personalizzazione della nuova leader.

Tornando alla Lega, con la segreteria guidata da Salvini siamo di fronte a un partito rinnovato *d'emblée* in uomini e progetti. All'inizio la critica politica a Bossi è un revival dell'antagonismo generazionale, in realtà privo di un progetto alternativo complessivo e complesso. Il partito *nazionale*, il «Prima gli italiani» verranno dopo, con tanto di dissapori con Bossi e Maroni sul punto. La Lega Nord bossiana non andava bene perché era (o rappresentava) la vecchia politica, da archiviare in fretta per far dimenticare i «diamanti, *il trota*, la bassa lega dei rimborsi, l'imbarazzante "cerchio magico" e l'incompetenza isterica di Rosy Mauro durante la presidenza del Senato» (seduta del Senato, 21 dicembre 2010).

In politica il potere del leader è importante e su questa dimensione la Lega di Salvini ha un'impostazione diversa rispetto al passato. È stato già evidenziato come l'organizzazione del partito appaia molto più basata su una leadership verticalizzata, che in qualche misura salta il quadro intermedio e annichilisce l'opposizione interna. In questa ottica è interessante indagare i rapporti che il capo ha con il suo partito a livello centrale, nelle istituzioni e con gli iscritti delle sezioni locali. La sua scalata alla guida della Lega ha imposto, naturalmente, l'elaborazione di una strategia di controllo che consentisse, innanzitutto, di gestire il *party in central office*, ossia gli altri esponenti politici, le correnti interne esistenti e potenziali. In questa prospettiva Salvini è stato lineare ed efficace, rendendo politicamente innocui i pochi nomi rilevanti rimasti indenni, o quasi, nella fase post Bossi. Roberto Maroni, primo segretario a succedere al *Sénatur*, ha dimostrato di non avere la caratura e l'interesse per mantenere a lungo la carica, pur rappresentando una delle poche figure istituzionali della Lega in grado di dialogare in modo articolato e propositivo con le altre forze politiche. Appena possibile Salvini ha lavorato per annichilire la figura di Maroni, ad esempio assecondandone la scelta di non partecipare alle elezioni regionali del 2018 e sostituendolo, previa minaccia di espulsione, con Attilio Fontana, ex sindaco di Varese (le origini tornano!) e anch'egli campione di estrema destra come si può desumere dalla seguente dichiarazione:

> Non possiamo accettare tutti gli immigrati che arrivano: dobbiamo decidere se la nostra etnia, la nostra razza bianca, la nostra società devono continuare a esistere o devono essere cancellate. (15 gennaio 2018)

Un ottimo esempio del *buonsenso* leghista. Il «non possiamo accettare tutti» come formula di senso comune, di ovvia banalità, di ragionevolezza presunta, dietro cui nascondere le nefandezze dell'ignoranza xenofoba.

> Il senso comune è [...] la «filosofia dei non filosofi» cioè la concezione del mondo assorbita acriticamente dai vari ambienti sociali e culturali in cui si sviluppa l'individualità morale dell'uomo medio. (A. Gramsci, Quaderno 24)

La coabitazione con Luca Zaia è stata meno ruvida, ma gli esiti sono stati politicamente simili, allorché le ambizioni nazionali del presidente della giunta regionale del Veneto non sono mai decollate dopo l'esperienza di ministro per l'Agricoltura. Infine, con Flavio Tosi la gestione del conflitto è stata demandata al metodo staliniano, tipico anche del periodo di Bossi. Nel 2015, in vista del rinnovo del consiglio regionale veneto, Tosi è stato espulso per dissidi circa la linea politica che avrebbe dovuto seguire la Lega. Il politico veronese proponeva un modello «nazionale» cui Salvini era all'epoca ostile. Per Tosi è stato letale immaginare di poter proporre una Lega «moderna» senza governare il partito e lanciare un messaggio di innovazione troppo prematuramente. La scalata al centro-destra era possibile solo con le truppe leghiste compatte. In questa tenzone Salvini ha avuto la meglio sulla componente veneta del partito, da sempre con velleità di egemonia, ma storicamente minoritaria in voti e perciò indotta a ruolo ancellare, come del resto è avvenuto per i gruppi piemontesi. Il controllo della coalizione dominante ha comportato l'esigenza di mantenere all'interno del partito alcune figure storiche, da Giorgetti a Calderoli, a Borghezio. Salvini è stato cioè capace di tenere insieme la vecchia guardia, e di condurla, fino ad ora con successo, verso una nuova proposta politica.

Il rapporto con il *party in public office* è stato dominato fin dal 2013 dalla chiara leadership di Salvini, visto come una guida e una speranza per recuperare i consensi perduti. I parlamentari della Lega Nord hanno riconosciuto il ruolo politico di Salvini, che ha condotto il partito in maniera centralizzata e ha dettato chiaramente la linea di opposizione al governo in carica. L'agenda parlamentare del gruppo leghista ha cioè ricalcato la strategia elettorale del nuovo leader, senza significative opposizioni o defezioni. Se si guarda alla composizione sociodemografica del gruppo di deputati eletti durante la segreteria di Salvini si può notare come sia in parte diverso rispetto al passato: in particolare è diventato meno giovane (in virtù del minor ricambio interno), meno sbilanciato dal punto di vista del genere, e con un numero maggiore di laureati. Questo cambiamento non è stato tuttavia sufficiente ad allineare il partito al profilo medio di tutti i parlamentari (tab. 2.1).

La presenza nelle istituzioni diffuse sul territorio è progressivamente cresciuta nel corso del tempo, passando da posizioni marginali a ruoli importanti, a volte centrali e perfino dominanti, come nel caso dei consigli regionali. Sebbene con un andamento ondivago, nel complesso il peso della rappresentanza leghista è aumentato. Esistono due fasi: la prima, tra il 1985 e il 1995, in cui la Lega Nord cresce e si consolida negli organismi regionali, ma con una presenza circoscritta alle regioni settentrionali, giungendo a ottenere circa un decimo di tutti i consiglieri. Dopo un decennio di contrazione della rappresentanza dovuta al generale calo di consensi per il Carroccio, dal 2010 la Lega è tornata in forze nelle assemblee regionali fino a raggiungere il 17% della forza consiliare complessiva. La crescita quantitativa, principalmente dovuta agli exploit in Lombardia e Friuli Venezia Giulia, ha però anche un elemento qualitativo nuovo dato dall'accesso alla rappresentanza consiliare in alcune regioni in cui la Lega Nord non era presente (Marche, Molise, Toscana e Umbria).

In generale, da questo quadro sintetico sulle dimensioni e su alcune caratteristiche del «partito nelle istituzioni» possiamo rilevare una *normalizzazione* del voto e della rappresentanza elettorale della Lega in quanto a profili sociali e una sua estensione anche in aree non strettamente connesse con i luoghi storicamente fondanti dell'identità del partito (tab. 2.2).

TAB. 2.1. DONNE, UNDER 40, LAUREATI TRA I DEPUTATI DELLA LEGA NORD PER LEGISLATURA (1992-2018, %)

	XI (1992)	XII	XIII	XIV	XV	XVI	XVII	XVIII (2018)
Donne								
Deputati Lega Nord	9,1	14,3	10,2	10,0	8,3	20,0	0,0	28,2
Tutti i deputati	9,6	15,2	11,4	11,7	17,5	21,3	31,0	35,7
Under 40								
Deputati Lega Nord	42,5	44,5	45,8	33,3	58,3	43,4	35,0	32,3
Tutti i deputati	13,4	23,3	19,4	11,3	9,4	19,5	32,9	34,4
Laureati								
Deputati Lega Nord	56,4	69,7	52,2	70,0	50,0	46,7	40,0	66,1
Tutti i deputati	69,3	67,0	67,7	70,3	66,3	67,7	68,6	83,7

fonte: Elaborazione e adattamento degli autori da CIRCaP; Ministero dell'Interno; Camera dei deputati.

TAB. 2.2. CONSIGLIERI REGIONALI DELLA LEGA NORD (ELEZIONI REGIONALI 1985-2018, N)

	1985	1990	1995	2000	2005	2010	2015-2018
Piemonte	0	3	5	4	4	12	2
Lombardia	0	12	12	11	11	20	28
Veneto	2	3	9	7	7	20	10
Liguria	0	2	2	2	1	3	5
Emilia-Romagna	0	1	1	1	3	4	8
Umbria	0	0	0	0	0	1	2
Toscana	0	0	0	0	0	4*	4
Marche	0	0	0	0	0	2	3
Molise	0	0	0	0	0	0	2
Trentino-Alto Adige	0	0	7	3	2	7**	4
Friuli Venezia Giulia	0	0	18	12	4	8	17
Valle d'Aosta	0	0	3	0	0	0	0
Totale consiglieri	2	21	57	40	32	81	85
% eletti LN sul totale dei consiglieri	0,3	3,6	9,6	6,9	5,5	13,8	16,1
% eletti LN sul totale dei consiglieri (Nord)	0,7	7,2	9,4	8,5	9,0	20,3	17,8

nota: 1985: Lega lombarda-Liga veneta; 1995: Lega Nord; 2000: Lega Nord-Padania; 2005: Lega Nord-Movimento per l'autonomia; 2010: Lega Nord; 2018: Lega-Salvini premier. * consigliere passato al Gruppo misto; ** 1 nella provincia di Bolzano, 6 nella provincia di Trento.

fonte: Elaborazione degli autori da Ministero dell'Interno; Istat; Passarelli e Tuorto [2012b].

TAB. 2.3. SEZIONI DELLA LEGA NORD PER REGIONE (2011 E 2018, N)

SEGRETERIE NAZIONALI DELLA LEGA NORD	SEZIONI 2011	SEZIONI 2018	DIFFERENZA 2018-2011
Lombardia	628	256	372
Veneto	368	58	310
Piemonte	142	54	88
Emilia	75	19	56
Liguria	36	17	19
Friuli Venezia Giulia	68	12	56
Romagna	37	5	32
Trentino	35	11	24
Toscana	45	3	42
Umbria	2	1	1
Marche	4	0	4
Valle d'Aosta	1	0	1
Südtirol-Alto Adige	n.d.	1	1
Sardegna	5	n.d.	
Abruzzo	5	n.d.	
Estero	n.d.	n.d.	
Totale	1.451	437	1.014

fonte: Adattamento degli autori da Passarelli e Tuorto [2012b]; www.leganord.org.

Infine c'è il *party on the ground*. Tra i suoi punti di forza la Lega annovera da sempre la struttura di base del partito. L'organizzazione, mitizzata, imitata, denigrata a seconda dell'attore politico che ne descriveva le caratteristiche, rimane un caposaldo della Lega Nord [Passarelli e Tuorto 2018a]. Nel 2012 rappresentò il supremo bene rifugio politico per la nuova leadership. In assenza di un popolo di riferimento, della sua organizzazione territoriale, e dell'ideale fondativo, il partito sarebbe scomparso al pari di altre forze travolte da scandali, cambi di segretario e difficoltà elettorali. I dati forniti dal sito ufficiale del partito ci dicono che tra il 2011 (anno pre crisi) e il 2018 il numero di sezioni è diminuito. La riduzione è stata significativa (–69%), passando da quasi 1.500 a meno di 500, a conferma che il colpo assestato dalla crisi del «cerchio magico» è stato doloroso, profondo e ancora lontano dal rimarginarsi (tab. 2.3). La contrazione è stata generalizzata, diffusa e significativa in tutte le regioni e le «nazioni» dell'immaginifica *Padania*. Di questo declino non è ovviamente responsabile o artefice Salvini che, tuttavia, non ha fatto nulla per invertire la tendenza negativa, con la scelta deliberata di far «contare meno il partito», la sua organizzazione rispetto al *party in central office*.

Un esempio simbolicamente significativo di questo distacco dalla base viene dalla gestione dell'evento annuale a Pontida. L'incontro sul pratone del piccolo comune bergamasco ha rappresentato nella storia della Lega un rito (ri)fondativo irrinunciabile che dava al suo variegato popolo l'occasione per contarsi, toccarsi e attualizzare la tradizione popolare delle origini. In questo senso, è significativo che, alla fine del periodo bossiano, per un anno il raduno non si sia tenuto. Durante questa breve fase di limbo la segreteria Maroni-Salvini ha esitato, ritenendo che quel momento di effervescenza collettiva fosse superato e che rimandasse troppo a un ambito ristretto, a una comunità residuale e identitaria non più compatibile con un partito ad ambizione nazionale. La soluzione di Salvini è stata pragmatica. Ha deciso di conservare l'appuntamento di Pontida consapevole dell'importanza del partito territoriale. Ma lo ha fatto con poca o meno enfasi rispetto al passato, sì che quella manifestazione, tra salsicce e improperi, fiumi di birra e proposte politiche, non fungesse da stigma e intimorisse gli elettori più urbanizzati o a sud del Po. Pontida rimane quindi un luogo simbolico, evocativo e identitario, sebbene di un'identità «inventata», cui temporaneamente Salvini ha deliberatamente conferito minore importanza. Ma rappresenta un luogo dell'anima, cui tornare e ritornare.

4. La rivoluzione del «buonsenso»

> Prima c'erano i posti riservati agli invalidi, agli anziani e alle donne incinte. Adesso si può pensare a posti o vagoni riservati ai milanesi. Ho scritto al presidente di Atm perché valuti la possibilità di riservare le prime due vetture di ogni convoglio alle donne che non possono sentirsi sicure per l'invadenza e la maleducazione di molti extracomunitari. (Matteo Salvini, 7 maggio 2009)

In quel «molti extracomunitari» c'è *in nuce* l'inconscio riferimento al *nuovo* linguaggio politico leghista. Salvini lancia, nel quasi rassegnato e distratto atteggiamento della società italiana, un messaggio di matrice eversiva con tratti fascisti, che richiama i tempi bui dell'Europa del Novecento, ma anche la segregazione razziale in Sud Africa o la contestazione della piccola-grande Rosa Parks negli Stati Uniti. Il riferimento non è infatti agli extracomunitari *tout court*, ma a quei *molti* che sarebbero maleducati. Salvini però anziché proporre, seguendo la sua iperbole, degli scompartimenti per viaggiatori maleducati, inveisce contro i cittadini di nazionalità non italiana. Così facendo stuzzica e alimenta le paure ancestrali per il diverso, il razzismo latente e crescente degli «italiani brava gente», la loro cupa visione di un mondo chiuso tra le Alpi e Lampedusa, dove «altri non devono accedere». Specialmente coloro che delinquono, «perché sì, in effetti molti di loro sono maleducati». La Lega Nord punta a escludere alcuni cittadini, alcuni esseri umani, dalla comunità nazionale e per farlo rimanda al senso comune di chi ritiene che in effetti «molti di loro» delinquono. Ergo il cerchio si chiude, la proposta choc diventa difendibile, argomentabile, emendabile e giustificabile, perciò non condannabile, ma da annoverare tra le idee in libertà che Salvini nel corso degli anni avanzerà.

L'asse portante del programma politico ed elettorale della campagna per il 2018 è stato il «buonsenso». La nuova Lega guidata da Salvini ha preteso di promuovere la *rivoluzione del buonsenso*, un ossimoro mascherato con le sembianze del partito pragmatico. Il *buonsenso* non è una categoria politica. È una banalità che diventa ideologia nel vuoto pneumatico di ideali e proposte e di contrappesi in grado di contrastare tali falsità. La storia delle dottrine politiche non annovera testi sul *buonsenso*, utile ad addomesticare appetiti facili, piuttosto a superare l'incompetenza e l'incapacità di proposte fattibili, realistiche, circostanziate. Le frasi/proposte politiche solo apparentemente di *buonsenso* celavano in realtà non «comuni» proposte più o meno condivisibili, e «assennatezza, criterio, equilibrio, giudizio, oculatezza, praticità, senno, spirito pratico». Le proposte della Lega di Salvini erano solo apparentemente «normali», ma nella loro banalità, e nel perseguire «luoghi comuni», contenevano altro, soprattutto in chiave anti-immigrazione, ovvero anti-diverso: «che lo Stato garantisca 280 euro al mese per un disabile e 1.000 euro al mese per una cooperativa che fa i soldi con gli immigrati», sarebbe una, presunta peraltro, pratica da condannare e biasimare per Salvini, sebbene questi non riporti nessun dato comparato per suffragare tale frase. Complice la debolezza complessiva del sistema di informazione, quasi nessuno ha chiesto conto delle proposte avanzate e delle frasi apodittiche. Come direbbe Rainer Lepsius [2006] lo slogan unisce «vuoto di contenuto e fermezza imperativa». Non è il solo. E/ma raggiunge l'obiettivo di aumentare i consensi in un periodo di grave crisi di legittimità e sfiducia democratica, rimettendo al centro l'autorità per ampliare i riferimenti sociali e territoriali del voto alla Lega. Da questo punto di vista le statistiche sono eloquenti. Negli anni della segreteria Salvini gli atteggiamenti di chiusura degli elettori leghisti verso gli immigrati si sono intensificati e, parallelamente, è cresciuta l'importanza attribuita a valori come «patria» e «unità nazionale». Fino al 2013 chi votava Lega era decisamente meno propenso degli altri italiani a riconoscersi in queste parole, mentre nel 2017 il divario si è annullato[1].

«Certezza della pena», «Difendere il cibo italiano», «Investire in cultura e arte», una sequela di luoghi comuni il cui filo rosso è in realtà la difesa della presunta italianità per perorare, nemmeno tanto subdolamente, il «Prima gli italiani» che rimanda all'unità della comunità nazionale. Nonostante questo cambiamento nei messaggi politici, per il partito la nazione era, e probabilmente è ancora, il Nord, nelle diverse articolazioni economiche, identitarie, culturali, sociali e politiche. Il Sud era, è e rimane un'appendice. Da zavorra, nemico dichiarato, diventa alleato ingombrante e Salvini ne fa una componente del partito, ma subalterna. Una mossa tattica. Il programma di *buonsenso* di cui si è detto è infatti decisamente declinato in chiave settentrionale: quali e quante sono le industrie in grado di competere sul mercato internazionale difendendo il *Made in Italy*? Sono quelle insediate nel Triveneto, in Lombardia e in Emilia-Romagna. E la stessa *flat tax*, cuore del programma economico del partito mutuato direttamente dall'Ungheria di Viktor Mihály Orbán, rappresenta una soluzione che se adottata rischierebbe di enfatizzare più che ridurre le differenze economiche realizzando l'agognata secessione non con i «fucili» e le ampolle di bossiana memoria, ma con la divisione *de facto* tra le aree deboli e forti del Paese.

L'operazione di transizione dal vecchio al nuovo riesce abbastanza agilmente per assenza di *competitors* interni ma anche grazie alla scarsa memoria collettiva del Paese che consente di legittimare il Salvini pensiero anche quando esprime menzogne storiche. Lo schema semantico è sempre lo stesso: affermare qualcosa di potente, di dirompente, politicamente scorretto ma soprattutto razzista, per poi «mitigarlo» con un artificio retorico, come ad esempio in questa dichiarazione che associa impropriamente guerre, date e luoghi simbolici:

> Ci ricordiamo che un secolo fa si combatteva perché non passasse lo straniero e i nostri bisnonni ci lasciavano la vita. Adesso li andiamo a prendere in barca a casa loro e li mettiamo in un albergo da queste parti. Un conto è dare un futuro alle donne e i bambini che scappano dalla guerra e dalle bombe – ha concluso il leghista – un conto è riempirsi di 20enni e 30enni col cappellino e le scarpe da tennis che non fanno un accidente da mattina a sera. Non penso che la Carnia o il Friuli Venezia Giulia possano diventare un campo profughi a spese dei cittadini di queste parti. («La Stampa», 23 aprile 2018)

A contare sono anche le date: la dichiarazione sopra riportata è a ridosso del 25 aprile. Evidentemente Salvini confonde la Liberazione con i crimini delle Foibe, la Prima con la Seconda guerra mondiale, le deportazioni con il dolore per tutti i morti, le leggi razziali con la violenza in generale, i rastrellamenti con la Resistenza. Il punto, va ribadito, non è tanto l'assenza di memoria storica quanto la debole capacità del Paese di ignorare questo tipo di posizioni che invece entrano nel dibattito poiché espresse da detentori di potere politico. In Paesi in cui il confronto con il passato è stato affrontato alle radici, come in Germania, Salvini sarebbe ignorato dai mass media, non avrebbe fatto mai carriera politica, non sarebbe un interlocutore per il governo. Per nessuno. Ma in Italia la memoria *non* è stata coltivata. L'Italia è il primo Paese per percentuale di analfabeti funzionali, ossia coloro non in grado di comprendere, valutare, usare e farsi coinvolgere da testi scritti per intervenire attivamente nella società, per raggiungere i propri obiettivi e per sviluppare le proprie conoscenze e potenzialità [Sciolla 2012]. In un contesto del genere ogni messaggio, anche quello politico, diventa fuorviante.

5. I rapporti con la coalizione di centro-destra

Da leader solitario Salvini ha potuto negoziare alleanze, rilanciare programmi e condurre la campagna elettorale puntando su sé stesso come immagine ma lavorando sul terreno con l'organizzazione. La leadership è cruciale per capire la Lega Nord e spiegarne i comportamenti, le inversioni di rotta e lo schema di alleanze. Analogamente, i rapporti politici della Lega Nord con Silvio Berlusconi sono stati decisivi per il consolidamento delle forze conservatrici in Italia dal 1994. Il capolavoro della coalizione, con alleanze quasi speculari tra collegi del Nord e circoscrizioni del Sud, rappresentò nel 1994 il prologo della saldatura dell'area liberale con quella postfascista e regionalista. Le quali erano ancora non conciliabili quando alla guida di LN e Alleanza nazionale vi erano Bossi e Fini che si preoccupavano di segnare la loro reciproca distanza e alterità.

> Mai al governo con la porcilaia fascista. (1° febbraio 1994)

E ancora:

> Noi della Lega siamo la continuazione dei partigiani che hanno combattuto per la libertà: la Lega non farà mai un accordo politico con i fascisti, o come cavolo si chiamano adesso. (6 febbraio 1994)

Gianfranco Fini ricambiò la cortesia un anno e mezzo dopo quando segnalò con enfasi incoerente che «con Bossi non intend[eva] prendere neanche un caffè». Il realismo prevalse meno di un lustro dopo e i due leader firmarono una legge anti-immigrazione per certi versi storica.

I buoni auspici di Berlusconi furono persuasivi tanto che LN e An contribuirono non solo alla vittoria della coalizione guidata da

Berlusconi ma anche all'esperienza di governo, sebbene per pochi mesi allorché la Lega Nord decise di rompere l'alleanza nel timore che Forza Italia potesse fagocitarla. Seguì, fino al 1999, un periodo di autoisolamento che consentì, tra l'altro, al centro-sinistra di vincere le elezioni politiche del 1996 pur essendo minoritario in voti assoluti. Il ritorno nell'alveo del centro-destra fu però dettato dell'irrilevanza raggiunta alle europee del 1999 che indusse Bossi a mitigare l'ostilità verso «il mafioso di Arcore» e a stipulare un nuovo patto di governo.

In termini di posizionamento politico rispetto al centro-destra nel suo complesso la LN ha giocato un ruolo diverso, che ha coinciso con altrettanti periodi di governo o di opposizione. Dagli albori la Lega Nord si è presentata come forza politica *super partes*, espressione di un estremismo di centro [Ignazi 2003] che ha avuto il suo apice nel 1996 e che successivamente lascerà il passo a un posizionamento a destra nella coalizione fino all'attuale collocazione all'estrema destra (cap. 4).

Il successo elettorale del 2018 corona la rincorsa alla supremazia nel campo conservatore rompendo equilibri di coalizione consolidati. Il 17,4% su scala nazionale (5,7 milioni di voti), che fa della Lega la terza forza politica del Paese a un solo punto di distanza dal Partito democratico, è il risultato più alto nella sua storia ormai trentennale: nettamente superiore al 10,1% in «solitaria» del 1996 e più che doppio rispetto all'8,3% del 2008, elezione che aveva segnato la rinascita elettorale del Carroccio. Ma il successo più importante conseguito da Salvini è il sorpasso su Forza Italia, in un quadro di rapporti interni alla coalizione rovesciati al punto da rischiare di destabilizzare un centro-destra vincente ma che non ha i numeri per governare da solo. Per la prima volta dal 1994 il peso relativo della Lega sul totale dei partiti del centro-destra è maggioritario, raggiungendo il 49%. Tra il 1994 e il 2001 il partito di Bossi *contava* solo per circa il 20%, con un significativo calo dal 2001 al 2013 quando attraversò un periodo di crisi di leadership e di organizzazione. Nel 2018 il partito guidato da Salvini ha alterato radicalmente questa tendenza, ponendosi quale pilastro elettorale del centro-destra (tab. 2.4). Siamo in presenza di un vero e proprio ribaltamento

TAB. 2.4. IL PESO ELETTORALE DELLA LEGA (NORD) RISPETTO AI PARTITI PRINCIPALI DEL CENTRO-DESTRA (ELEZIONI POLITICHE 1994-2018, CAMERA DEI DEPUTATI, %)

	1994	1996	2001	2006	2008	2013	2018
Alleanza nazionale-Fratelli d'Italia	31,4	33,8	22,5	30,4	81,8	7,1	12,2
Forza Italia-Pdl	49,1	44,4	55,0	58,3		78,1	39,2
Lega Nord	19,5	21,8	22,5	11,3	18,2	14,8	48,6

nota: Dati riferiti a totale Italia (esclusi Valle d'Aosta ed Estero).
fonte: Elaborazione degli autori da Ministero dell'Interno; Camera dei deputati.

del forza-leghismo lucidamente delineato qualche lustro fa da Edmondo Berselli [2007]. Siamo al *leghismo-forzista*, ma la sostanza non cambia. È nel magmatico mondo ostile al civismo repubblicano che Salvini ha fatto il pieno, tra quella maggioranza di elettori italiani che tende a essere diffidente piuttosto che fidarsi delle altre persone.

Per concludere, in questo capitolo abbiamo messo in luce gli elementi di continuità e i punti di distonia rispetto al passato nell'organizzazione partitica della Lega Nord, nella sua leadership, nell'ideologia e nelle parole d'ordine che, almeno verbalmente, paiono cambiate nonostante il partito continui sostanzialmente a perorare e a difendere la causa del Nord, da cui trae le maggiori risorse economiche, organizzative ed elettorali. Nel capitolo si è discusso, poi, se e quanto risulti ancora solida la possibilità per la Lega di essere il baricentro della coalizione di centro-destra, il cui controllo deriva non solo e non tanto dal numero maggiore di voti che ha ottenuto nel 2018 rispetto a Forza Italia quanto dall'abilità di drenare consensi da quel mondo. Presidiando il campo ultraconservatore dell'alleanza la Lega si trova in una posizione strategica anche in considerazione del progressivo spostamento a destra dell'elettorato italiano e di quello di centro-destra in particolare. La debolezza dello sfidante Berlusconi nel controllo della leadership ha agevolato il compito di Salvini. Lega Nord e Movimento 5 stelle hanno trovato un terreno comune condensato nel cosiddetto «contratto di governo», che riprende temi su cui entrambi hanno espresso posizioni a volte analoghe, altre distanti, ma frutto di una condivisa avversione per l'élite e il sistema (cap. 5).

TAB. 2.5. ANDAMENTO DEL FINANZIAMENTO ALLA LEGA NORD PER TIPO DI FINANZIAMENTO (1993-2016, IN EURO)

	QUOTE ASSOCIATIVE ANNUALI	CONTRIBUTO DELLO STATO	ULTERIORI ENTRATE (PERSONE FISICHE + PERSONE GIURIDICHE)	PROVENTI ATTIVITÀ EDITORIALI, MANIFESTAZIONI, ALTRO	2 PER MILLE IRPEF	TOTALE ENTRATE FINANZIARIE
1993	1.708.085	3.707.939	n.d.	6.447.333		11.873.358
1994	1.611.761	8.389.047	6.078.128	1.564.773		17.679.076
1995	925.120	2.490.407	4.743.098	962.467		9.121.092
1996	1.338.590	6.515.823	5.357.210	2.296.519		15.508.142
1997	1.312.454	9.407.301	4.953.422	4.733.850		20.136.657
1998	1.390.950	6.667.389	4.645.007	3.068.967		15.485.667
1999	1.108.475	4.695.299	3.789.109	1.322.002		10.914.885
2000	1.046.807	5.264.016	4.831.429	1.750.686		12.780.294
2001	1.078.100	5.095.652	4.225.831	1.992.516		12.316.098
2002	1.094.457	4.072.838	4.006.243	1.507.942		10.636.069
2003	743.593	4.610.506	4.400.502	1.708.755		11.428.481
2004	580.782	6.875.568	5.189.515	1.712.054		13.996.956
2005	598.194	9.253.077	5.310.643	1.471.124		16.558.136
2006	698.010	9.697.024	5.136.110	2.642.701		18.098.163
2007	709.837	9.065.470	4.586.708	1.766.909		16.362.902
2008	900.780	17.184.833	7.291.565	1.643.729		27.020.907
2009	857.817	18.498.092	8.995.557	3.076.800		31.428.266
2010	1.245.585	22.506.486	10.176.487	2.582.508		36.511.066
2011	1.105.753	17.613.520	8.316.004	2.552.670		29.587.947
2012	918.231	8.884.219	7.063.871	1.382.224		18.248.545
2013	674.455	6.534.644	3.924.115	1.322.187		12.455.401
2014	651.429	2.664.162	3.006.276	985.695	28.140	7.335.702
2015	880.725	1.228.883	3.450.569	1.625.958	1.109.083	8.295.218
2016	8.227	932.560	981.545	20.482	1.411.007	3.353.821
Totale	23.188.217	191.854.755	120.458.944	50.140.851	2.548.230	387.132.849

fonte: Gazzetta Ufficiale; www.leganord.org; Pizzimenti e Ignazi [2011]; Passarelli e Tuorto [2012b].

Infine, va segnalato quanto sul piano organizzativo il ruolo della leadership abbia inciso anche sul finanziamento al partito. La risposta della Lega Nord all'esaurimento delle entrate derivanti dallo Stato e alla forte contrazione del sostegno economico attraverso il tesseramento (i cui dati sono da circa un lustro non affidabili e/o non divulgati) è stata quella di rivolgersi prevalentemente all'*esterno* puntando sul contributo delle «persone fisiche e giuridiche» e al «2 per mille» (tab. 2.5). Un segnale aggiuntivo del ruolo importante veicolato da Salvini quale catalizzatore dell'attenzione anche in termini di sostegno economico al partito.

nota

[1] Sulla base delle indagini Swg, gli elettori che si richiamano ai termini «patria» e «unità nazionale» erano il 26% nel 2013 (media Italia: 60%) e sono diventati il 60% nel 2017 (media Italia: 65%) [Pessato, Fonda e Benetti 2018].

3. Lega e territorio
L'ossimoro del nazionalismo verde padano

> Il tricolore non mi rappresenta, non la sento come la mia bandiera, a casa mia ho solo la bandiera della Lombardia e quella di Milano.
> Il tricolore è solo la Nazionale di calcio, per cui non tifo.
>
> Matteo Salvini, 2011

1. Sui miti del successo leghista

Calabria, Italia, Padania. Alle politiche del 2018 Salvini è stato eletto senatore della Repubblica nella circoscrizione Calabria. Una nemesi, può darsi. Tuttavia, bisogna ricordare che la legge elettorale del 2018 (cosiddetta «legge Rosato») prevede, in caso di candidature in più di un collegio plurinominale, che risulti eletto il candidato nella circoscrizione in cui ha ottenuto la prestazione meno buona. Salvini era candidato al Senato della Repubblica in cinque collegi plurinominali (Lazio 1, Lombardia 4, Liguria, Sicilia 2 e Calabria) e in nessun collegio uninominale. Tra le quattro circoscrizioni in cui Salvini ha superato la soglia per arrivare in parlamento, in quella calabrese la Lega ha preso meno voti (59 mila) e per questa ragione il leader leghista è stato eletto senatore in Calabria.

Ancora una volta guardare il dettaglio, il luogo di elezione del capo della Lega, significa dare importanza al feticcio, alla cronaca, al pettegolezzo. Salvini è stato selezionato nella circoscrizione Calabria per una *casualità*, ma è necessario capire e spiegare quali siano i fattori che hanno reso possibile tale accadimento accidentale nella storia politica ed elettorale della Repubblica. Si tratta di individuarne e spiegarne le *cause* che hanno radici profonde e vanno al di là di un'elezione, o di un decennio. Nel periodo dei social network si perde la visione d'insieme e si commettono, *per cause*, errori interpretativi. Come andremo ad argomentare la Lega (Nord) non è un partito *nazionale* bensì *nazionalista*, fino ad ora abile a presentarsi anche come il partito dei cittadini meridionali. L'avanzamento *elettorale* e puntuale va sottoposto a conferme empiriche, al test della tenuta nel tempo. La pretesa di penetrazione del voto va sostenuta con uno studio che attesti anche l'insediamento sociale (non solo politico) della Lega al Sud. Prima di descrivere zone «verdi» è fondamentale provare a capire la mera fotografia, le mappe «mute», perché la geografia del voto indica molti spunti ma per giungere a conclusioni è cruciale ponderare, comparare, indagare in profondità.

L'ipotesi di ricerca che sosteniamo è che, nonostante i buoni risultati ottenuti in (quasi) tutto il Paese, non si possa ancora parlare di *radicamento* nazionale del voto alla Lega Nord ma solo di nazionalizzazione del messaggio. La Lega non è ancora (lo sarà mai?) un partito nazionale né sul piano geografico ed elettorale né su quello politico. Si tratta, per ora, di una forza nazionalista che proietta il suo raggio d'azione su un'area subnazionale meno estesa dell'intero territorio, dai confini variabili ma non dilatabili a dismisura.

Prima fu la Lega Nord «rossa». Non solo la «costola della sinistra», ma riferimento da emulare come modello per lo sviluppo di forme organizzative di partiti alla ricerca dell'identità perduta. Il famoso «radicamento territoriale» veniva ripetuto in forma acritica in talk show, comizi, congressi nazionali e seminari accademici. La Lega Nord aveva sì un insediamento sociale e territoriale, fatto anche di sezioni, e questi elementi le consentirono, tra l'altro, di resistere sostanzialmente indenne alle vicende politiche, elettorali e giudiziarie del 2010-2012. Ma la diffusione territoriale delle branche organizzative non è detto, *ipso facto*, che generi una subcultura politica. Nel caso della Lega ciò non è ancora successo, se non, nel caso veneto, per effetto della lunga tradizione autonomista pre leghista.

Inoltre, come un mantra fuori contesto, veniva ripetuto da commentatori in libera uscita, prontamente fatto proprio da politici improvvidi, che «l'operaio» elettore di sinistra avesse abbandonato per sempre le forze progressiste per sostenere la Lega Nord. Questa distorsione ottica ha fatto perdere tempo e informazioni sulla vera osmosi, ossia sul travaso di voti nell'area di centro-destra. Certamente dei consensi dagli operai sono andati alla LN in misura crescente, ma all'inizio *non* era così. Su questa interpretazione nacque l'idea di «costola della sinistra», sostenuta da Massimo D'Alema. Il passaggio debole di uno spunto analitico assurto a teoria politica è che la condizione di operaio veniva associata automaticamente con il voto o i valori della sinistra. Un altro mito duro a morire poiché, ben prima della Lega Nord o del Front National, il mondo operaio specie nelle realtà dell'emigrazione urbana non si presentava omogeneo né socialmente né politicamente [Gribaudi 1987; Alasia e Montaldi 1960]. Le grandi fabbriche del Triangolo industriale avevano in maggioranza elettori di sinistra, ma il discorso cambiava, anche radicalmente, allorché si passava alle regioni del Sud e alle medie e piccole imprese. Se si tiene conto del fatto che in Italia la relazione tra voto e classe sociale è stata lungamente discussa e non ha dato indicazioni convergenti [Bellucci 2001; Schadee, Ballarino e Vezzoni 2009; Pisati 2010], si riesce a inquadrare meglio senza enfatizzarlo anche il dato per cui, nel 2018, circa un quarto degli elettori occupati che votano Lega siano operai; una quota più ampia di quella presente tra la popolazione ma inferiore rispetto a quella raccolta dal Movimento 5 stelle, come vedremo più in dettaglio nei capitoli 4 e 5.

L'altro mito accompagnato ai passaggi dolenti della costola della sinistra e del voto operaio è stato l'avere identificato la Lega Nord come movimento *super partes*, popolare (a tratti popolano), senza chiara identificazione politica. Invece, il partito di Salvini è entrato a pieno titolo nella galassia della cosiddetta «nuova destra» europea, l'aggregazione che raccoglie partiti non necessariamente neofascisti ma che hanno costruito la propria identità sui temi dell'insicurezza rispetto al lavoro, del contrasto ai flussi migratori, dell'identità nazionale in pericolo.

2. La presunta nazionalizzazione della Lega

Fin dall'inizio della sua storia, la Lega Nord ha registrato prestazioni elettorali altalenanti, corrispondenti a vere e proprie ondate di voto [Biorcio 2010] che si associavano a fasi e transizioni politico-organizzative ben distinte. Dopo il 2001 (punto di minimo storico del partito in termini percentuali) e fino al 2018 la Lega Nord ha sempre accresciuto i propri consensi, se si esclude il passaggio a vuoto del 2013 allorché il partito subì un'importante battuta d'arresto, il peggior dato di sempre in valore assoluto, con lo scandalo rimborsi elettorali e le dimissioni di Bossi (fig. 3.1). Il 2018 rappresenta, a una prima lettura impressionistica, una cesura rispetto al passato della Lega Nord. L'elemento distintivo non sta solo nell'entità del successo quanto nella geografia del voto, nella sua ramificazione sul territorio. Per misurare questo cambiamento e testare l'ipotesi della presunta nazionalizzazione procediamo quindi con l'analisi della geografia del voto nel corso del tempo.

In «nomen omen». La Lega Nord è un partito con un nome e un programma chiaro che fin dalla nascita definisce, seppure con alcune variazioni sul tema, il *cleavage*, la frattura territoriale fra regioni del Nord e regioni del Sud Italia. Un nome che *è* un programma, ossia la supremazia del Nord rispetto al Sud. Così è stato per anni tanto che Bossi tentò invano di farne un tratto identitario in sé, salvo rendersi conto quasi subito che non poteva coltivare le ambizioni indipendentiste o autonomiste della Lombardia perché *non* esisteva il popolo lombardo. Ma non basta il nome, da solo, a caratterizzare un partito. Questo può cambiare, nel corso del tempo, fino a giungere su posizioni diverse da quelle perorate per anni, perfino antitetiche. È successo ai partiti epigoni della famiglia comunista dopo il 1989, in parte è stato così per alcuni partiti di estrema destra. Il caso della Lega di Salvini è al contempo relativamente semplice da affrontare, nonostante i molti elementi di complessità. È un partito nazionale? Ha superato i confini del Po, è arrivato a sud di Roma o di Napoli. Ne deriva, dunque, che sia una forza politica nazionale?

La questione si complica, o meglio si articola, nel momento in cui si affronti il punto in maniera analitica, senza improvvisazioni.

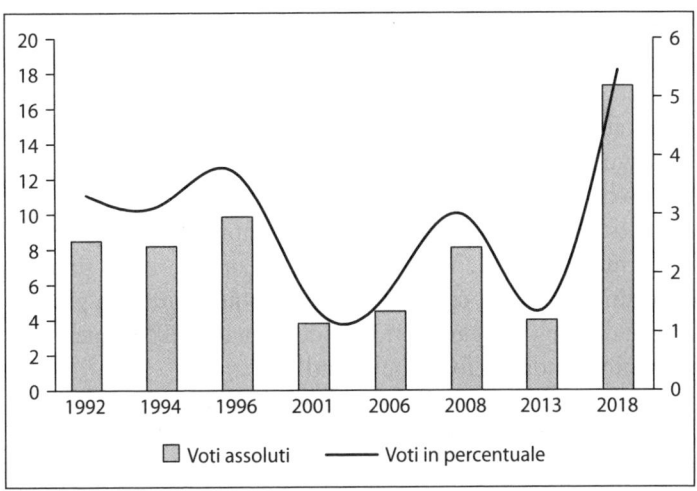

FIG. 3.1. Andamento del voto alla Lega Nord (elezioni politiche 1992-2018, Camera dei deputati, % asse sx, N in milioni asse dx).
fonte: Elaborazione degli autori da Ministero dell'Interno.

Non è sufficiente togliere tatticamente dal simbolo del partito il termine «Nord» per diventare, automaticamente, un partito nazionale. Il Nord rimane, eccome, nel voto e nelle politiche del partito guidato temporaneamente da Salvini. Solo cittadini ingenui e commentatori di deboli letture possono credere, o provare a far credere, che sia possibile un cambio repentino, una mutazione nottetempo. Non è stato troppo recente il tentativo avanzato da Salvini per far dimenticare la Lega *Nord*, ma non è sufficiente. E non ci riferiamo solo agli epiteti, alle offese, ai crimini politici contro il Sud. Ancora una volta si tratta di scegliere che cosa guardare, capire, leggere. Le invettive contro i cittadini delle regioni del Sud sono una costante nella costruzione del partito, fin dai tempi della Lega lombarda. La loro brusca scomparsa (sarà davvero così?) rischia però di celare la vera questione politica, il fatto cioè che non risultano cambi del paradigma leghista, ma solo «scuse» di circostanza, tattiche di ricollocazione sullo scenario elettorale.

La Lega Nord era contro Roma ladrona, rappresentata dai politici, non dai cittadini. È credibile che si possa superare, o anche modificare un programma o un'identità politica abiurando il passato, ma la genetica politica segnala inequivocabilmente quanto sia resistente al cambiamento, soprattutto quando è mera cosmesi elettorale e non profonda revisione. Emergono elementi di discontinuità nel progetto di Salvini, lo abbiamo accennato, ma il rischio che l'occultamento del lemma «Nord» sia solo un inganno semantico resta alto, soprattutto se tali impressioni vengono poi confermate dai dati. Vediamo allora, in ordine, quali sono gli elementi empirici di continuità/discontinuità, partendo proprio dall'analisi del risultato elettorale del 4 marzo 2018, quello del presunto sfondamento anche al Sud.

Il risultato elettorale. Per «nazionalizzazione del voto» intendiamo il processo di omogeneizzazione territoriale del risultato elettorale. Il voto è perfettamente *nazionale* se, nei vari territori (le regioni nel nostro caso) di cui si compone una nazione, la distribuzione del voto fra i partiti è identica: il partito A prende ad esempio il 35% in tutte le regioni, il partito B il 28%, e così via. In altre parole il risultato elettorale di ogni regione corrisponde a quello nazionale [Corbetta e Passarelli 2015].

Per quanto riguarda la Lega l'indice di nazionalizzazione (fig. 3.2) è stato *sempre* inferiore a 0,50, molto distante da una diffusione omogenea e al di sotto del dato degli altri partiti, a conferma del fatto che l'insediamento leghista è rimasto concentrato maggiormente in alcune aree. Tra il 1994 e il 2018 i valori si sono attestati attorno a 0,40, con leggeri decrementi in occasione delle elezioni in cui ha registrato una flessione dei consensi (2001, 2006, 2013). Questo andamento sta a confermare che nei periodi di crisi il partito si arrocca nelle aree di antico insediamento. Nel 2018, elezione della presunta *nazionalizzazione* leghista, l'indice si è attestato su 0,71, un valore decisamente superiore alla media del periodo precedente e che trova una giustificazione nella crescita esponenziale di consensi tra il 2013 e il 2018 (+13 punti percentuali). Siamo di fronte, quindi, a un'inversione significativa del trend che andrà confermata alle prossime elezioni politiche, europee e amministrative. Un basso valore sull'indice di nazionalizzazione è normale per un partito regionalista, che si identifica con una parte del territorio nazionale, soprattutto se da questo territorio

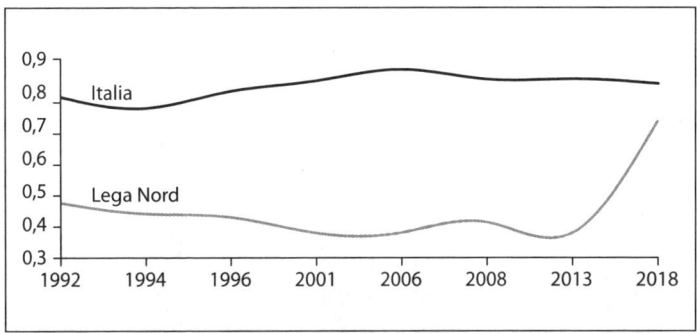

FIG. 3.2. Indice di nazionalizzazione del voto per la Lega Nord (elezioni politiche 1992-2018, range 0-1).

nota: Per riferimenti sull'indice di nazionalizzazione si rimanda a Chiaramonte e Emanuele [2015] e Bochsler [2010].

fonte: Elaborazione degli autori da Ministero dell'Interno; Corbetta e Passarelli [2015]; Chiaramonte e Emanuele [2018].

intende rendersi autonomo o negoziare una separazione. In questo senso, il cambiamento avvenuto nel 2018 è stato importante, per quanto i consensi alla Lega restino ancora meno nazionalizzati di quelli di altri partiti[1].

Per testare l'effettiva profondità dell'avanzata territoriale è indispensabile vagliare attentamente l'incidenza che ogni territorio ha all'interno del consenso per lo stesso partito. La figura 3.3 riporta il peso percentuale, nel voto complessivo alla Lega Nord, delle diverse macroaree geopolitiche del Paese: Nord-Ovest, Triveneto (o zona bianca), regioni della zona rossa, Centro-Sud. Indica, in altri termini, qual è il contributo di ciascuna zona in rapporto al complesso dei consensi leghisti. I dati indicano chiaramente un peso superiore delle regioni del Nord. Tra il 1994 e il 2018 il voto proveniente da queste aree è stato sempre maggiore del 90%, tranne nel 2006, quando si attestò all'80%, e nel 2018. Nel primo caso la contrazione corrispose a una ridimensionata impronta complessiva del voto alla Lega, che si concentrò nelle aree di storico insediamento. Il dato in discontinuità del 2018 (con solo il 61% dei consensi al Nord-Ovest e Triveneto) è da ascrivere invece all'ampliamento della

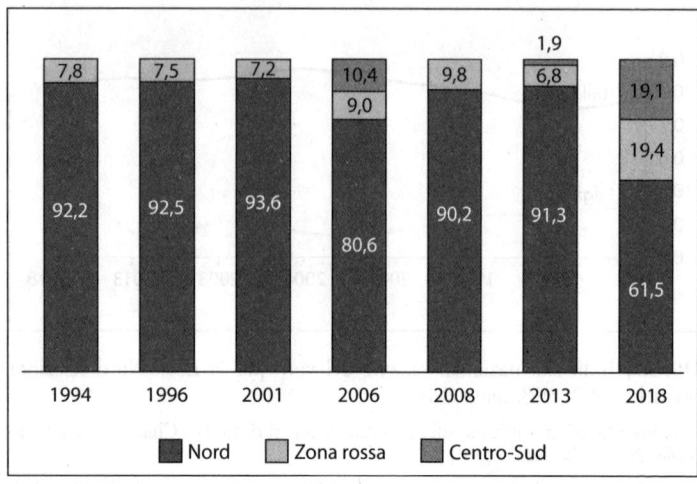

FIG. 3.3. Incidenza del voto per la Lega (Nord) nelle diverse zone geopolitiche sul totale del voto al partito (elezioni politiche 1994-2018, Camera dei deputati, %).

nota: 1994-1996: Lega Nord; 2001: Lega Nord-Padania; 2006: Lega Nord-Movimento per l'autonomia; 2008: Lega Nord-Bossi; 2013: Lega Nord-Maroni; 2018: Lega-Salvini premier.

fonte: Elaborazione degli autori da Ministero dell'Interno; Istat; Passarelli e Tuorto [2012b].

zona di insediamento del partito, posto che in valori assoluti le aree settentrionali non hanno registrato una perdita di consensi rispetto al passato.

L'interesse dell'analisi sulla nazionalizzazione sta, ovviamente, in quello che si muove all'esterno dei nuclei di forza elettorale. Nelle regioni della zona rossa, ad esempio, il voto leghista ha pesato per meno dell'8% tra il 1994 e il 2013. Nel 2018 il peso relativo dei consensi ottenuti in questa zona è viceversa cresciuto fino al 19% del totale, a conferma di un deciso avanzamento del Carroccio nelle aree a sud del Po, tuttavia non estemporaneo in quanto registrato già da *almeno* un decennio, e prima ancora in Emilia-Romagna [Passarelli e Tuorto 2012d; 2012e; Shin e Passarelli 2012].

Le regioni del Centro e del Sud Italia contribuiscono poco alla configurazione elettorale del partito, ma cominciano a essere visibili rispetto a una situazione precedente in cui erano assenti o irrilevanti. Questo vale in particolare per regioni come il Lazio, l'Abruzzo e anche la Sardegna, dove la Lega raggiunge o sfiora percentuali a doppia cifra. Diverso è il caso del Sud, sostanzialmente irrilevante nel computo totale dei consensi e anche come voti percentuali ottenuti sul totale degli elettori (mediamente attorno al 5%). Al netto delle consultazioni in cui il partito *non* ha presentato propri candidati e liste, e che perciò rendono impossibile una comparazione diacronica completa, il contributo degli elettori centromeridionali nel complesso del successo leghista è stato sempre ridotto, se si eccettua il 10% del 2006. In questo senso il fatto di pesare per quasi un quinto dei voti nel 2018 rappresenta un caso limite, che necessita di conferme future per cominciare a parlare di «nuovo corso» e di «riequilibrio geografico» del voto. Allo stato attuale, e al di là dei proclami, i consensi della Lega sono ancora massimamente al Nord, l'indice di nazionalizzazione è ancora inferiore rispetto a quelli degli altri principali partiti italiani e la presenza del partito sul territorio è significativa solo sino ai confini meridionali del Lazio, al di qua del vecchio Regno delle Due Sicilie.

Un'altra indicazione di *non* completa nazionalizzazione emerge guardando a come, o meglio verso dove, è mutata la distribuzione dei consensi alla Lega tra il 2013 e il 2018. In particolare la figura 3.4 individua le aree di maggiore influenza e i *baricentri* dell'insediamento del partito. Le ellissi indicano la dimensione e la direzione della dispersione territoriale e sono un indicatore della diffusione del voto.

Nel caso della Lega si evidenziano sia un'estensione del territorio di insediamento elettorale sia un cambiamento di direzione della superficie nazionale di riferimento. In particolare, tra il 2013 e il 2018 il baricentro della «zona d'influenza» si è spostato da un'area compresa tra le province di Cremona e di Mantova a una zona collocata più a sud, in pieno territorio emiliano. Questa variazione è coerente con altre caratteristiche, già illustrate, dell'avanzamento territoriale, ma non può essere assunta come prova di una nazionalizzazione, posto che l'ambito più ampio di localizzazione del voto (le aree dove la Lega è significativamente presente) *non* si

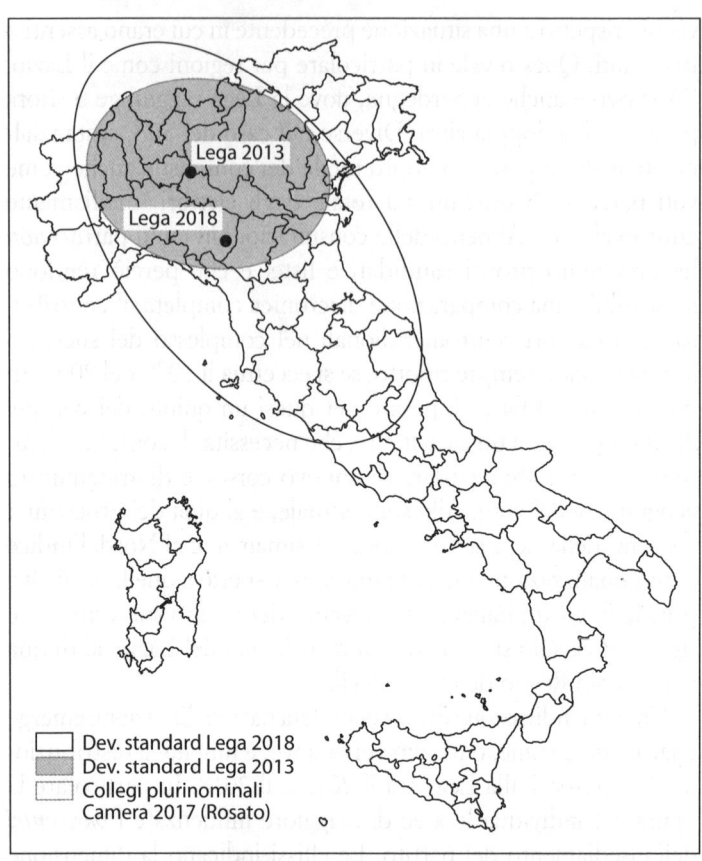

FIG. 3.4. I baricentri elettorali del voto alla Lega Nord (elezioni politiche 2013 e 2018).

fonte: Istat; Ministero dell'Interno; Truglia [2018].

estende in alcun modo al di sotto di Roma. Non è un caso che la graduatoria delle province dove il partito ottiene i maggiori consensi è rimasta pressoché invariata nell'arco dell'intera Seconda Repubblica, e quindi anche nel 2018, con tutte le caselle completamente assegnate a territori del Lombardo-Veneto (tab. 3.1).

Per la Lega Nord il territorio è fondamentale, come si può cogliere dalla lettura delle mappe elettorali (figg. 3.5-3.10). Per diverse, connesse, ragioni il territorio rappresenta non solo

TAB. 3.1. PRIME DIECI PROVINCE PER VOTI ALLA LN (SU VOTI VALIDI, ELEZIONI POLITICHE 1994-2018, CAMERA DEI DEPUTATI, %)

	1994		1996		2001		2006		2008		2013		2018	
1	Belluno	32,4	Treviso	42,0	Bergamo	21,5	Sondrio	19,5	Sondrio	35,9	Sondrio	22,5	Sondrio	40,5
2	Sondrio	32,1	Belluno	41,5	Sondrio	19,0	Bergamo	18,5	Verona	33,0	Bergamo	19,7	Treviso	37,4
3	Varese	30,8	Bergamo	40,9	Brescia	16,8	Brescia	15,8	Bergamo	31,2	Brescia	17,6	Vicenza	35,9
4	Bergamo	28,6	Sondrio	40,7	Treviso	16,8	Vicenza	14,8	Vicenza	31,1	Varese	16,1	Bergamo	35,9
5	Treviso	28,6	Vicenza	36,2	Varese	16,6	Como	14,7	Treviso	31,0	Como	15,7	Brescia	34,2
6	Como	28,4	Brescia	34,5	Como	16,3	Varese	14,7	Belluno	27,6	Lecco	14,6	Como	32,1
7	Vicenza	28,1	Lecco	33,4	Lecco	16,1	Verona	14,2	Brescia	27,2	Verona	13,7	Verona	32,0
8	Lecco	25,9	Varese	33,3	Vicenza	13,0	Lecco	14,2	Como	26,1	Treviso	13,3	Lecco	31,9
9	Brescia	25,7	Como	32,7	Pordenone	11,5	Treviso	14,2	Lecco	25,4	Cremona	12,5	Padova	31,9
10	Cuneo	25,3	Cuneo	32,5	Monza	11,4	Belluno	11,9	Varese	25,0	Vicenza	12,4	Cremona	31,5

fonte: Elaborazione degli autori da Ministero dell'Interno; Istituto Cattaneo.

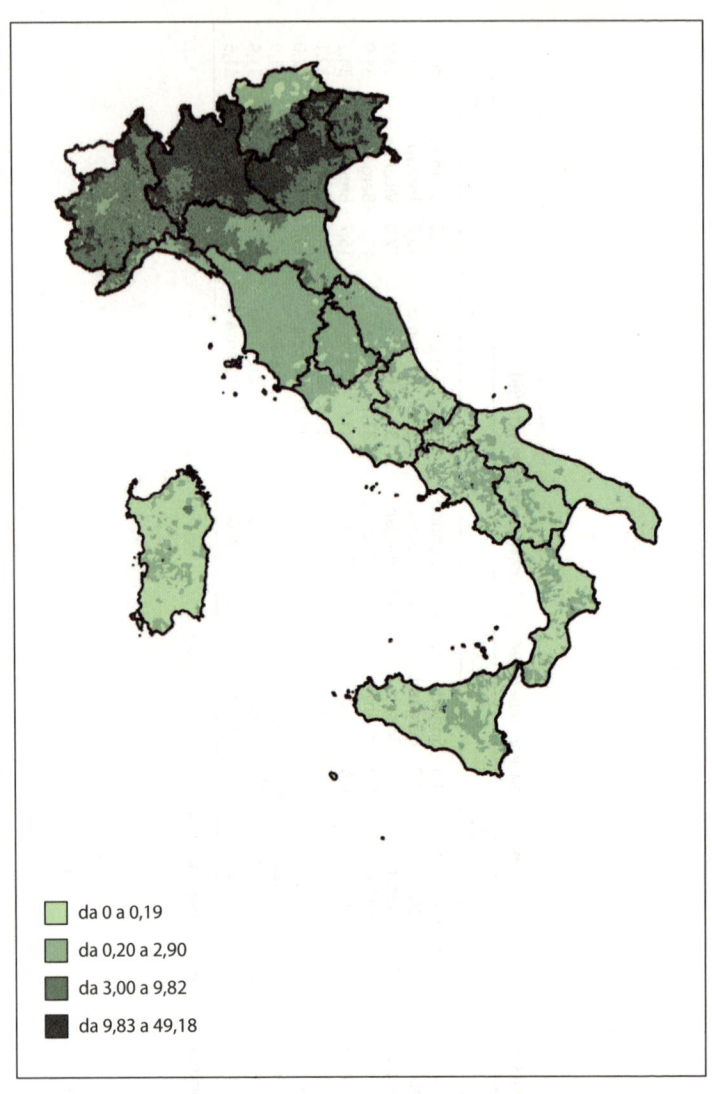

FIG. 3.5. Voti alla Lega Nord (elezioni politiche 2013, %).
fonte: Elaborazione degli autori da Ministero dell'Interno (Camera dei deputati).

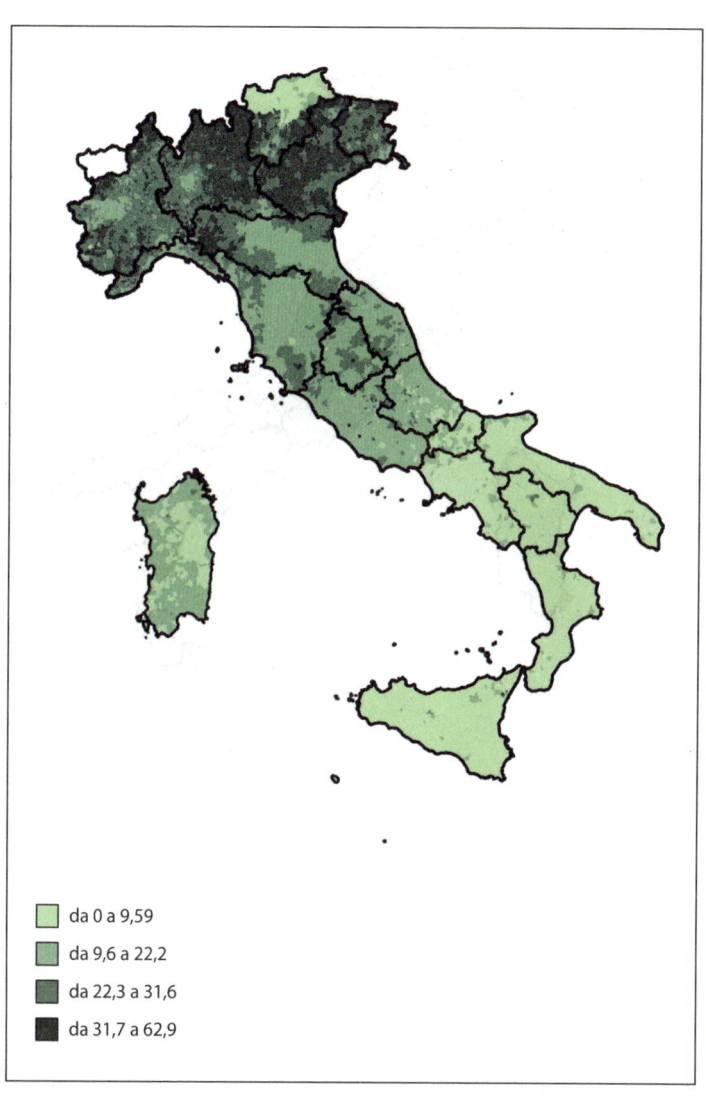

FIG. 3.6. Voti alla Lega Nord (elezioni politiche 2018, %).
fonte: Elaborazione degli autori da Ministero dell'Interno (Camera dei deputati).

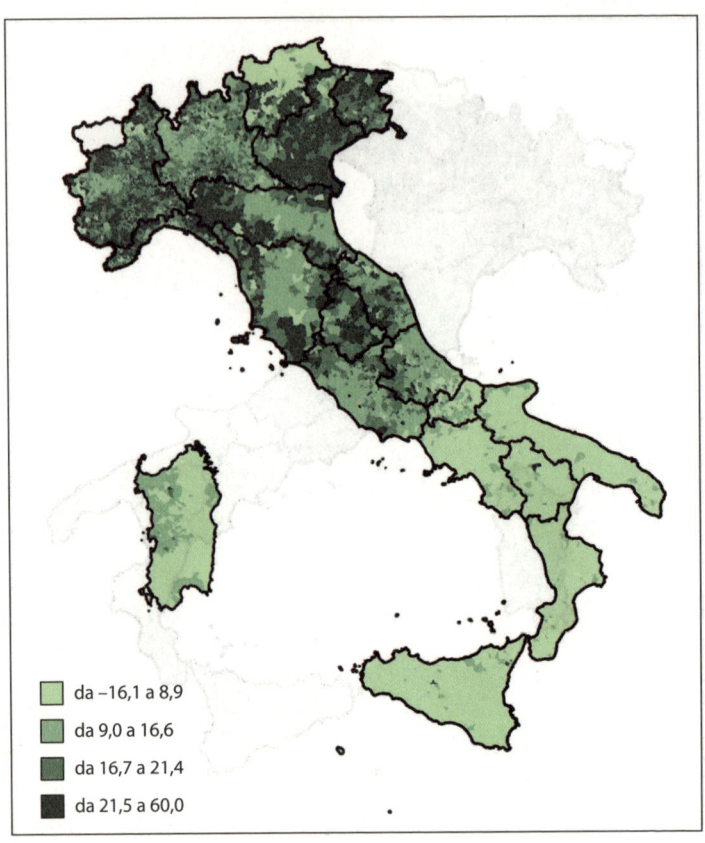

FIG. 3.7. Voti alla Lega Nord (elezioni politiche 2018-2013, variazione punti percentuali).

nota: Alcuni comuni mostrano un valore negativo. Si tratta di 17 casi, una porzione irrilevante dal punto di vista statistico. Il motivo principale del segno «meno» è la bassa numerosità dei voti validi (c'è solo un comune di 5 mila abitanti, gli altri sono tutti comuni tra i 30 e i 1.500 abitanti) ed, effettuando opportuni test statistici, il segno negativo non appare significativo. I comuni sono (in parentesi la sigla della provincia e il numero degli abitanti): Carcoforo (Vc; 73); Lozza (Va; 1.257); Fuipiano Valle Imagna (Bg; 215); Marlengo (Bz; 2.680); Zoppè di Cadore (Bl; 218); Pannaro (Bn; 2.150); Torrecuso (Bn; 3.395); Volturara Irpina (Av; 3.327); San Marzano sul Sarno (Sa; 10.203); Zagarise (Cz; 1.647); San Giovanni di Gerace (Rc; 511); Staiti (Rc; 260); Alimena (Pa; 1.968); Bompietro (Pa; 1.353); Trappeto (Pa; 3.83); Raddusa (Ct; 3.174); Allai (Or; 364).

fonte: Elaborazione degli autori da Ministero dell'Interno (Camera dei deputati).

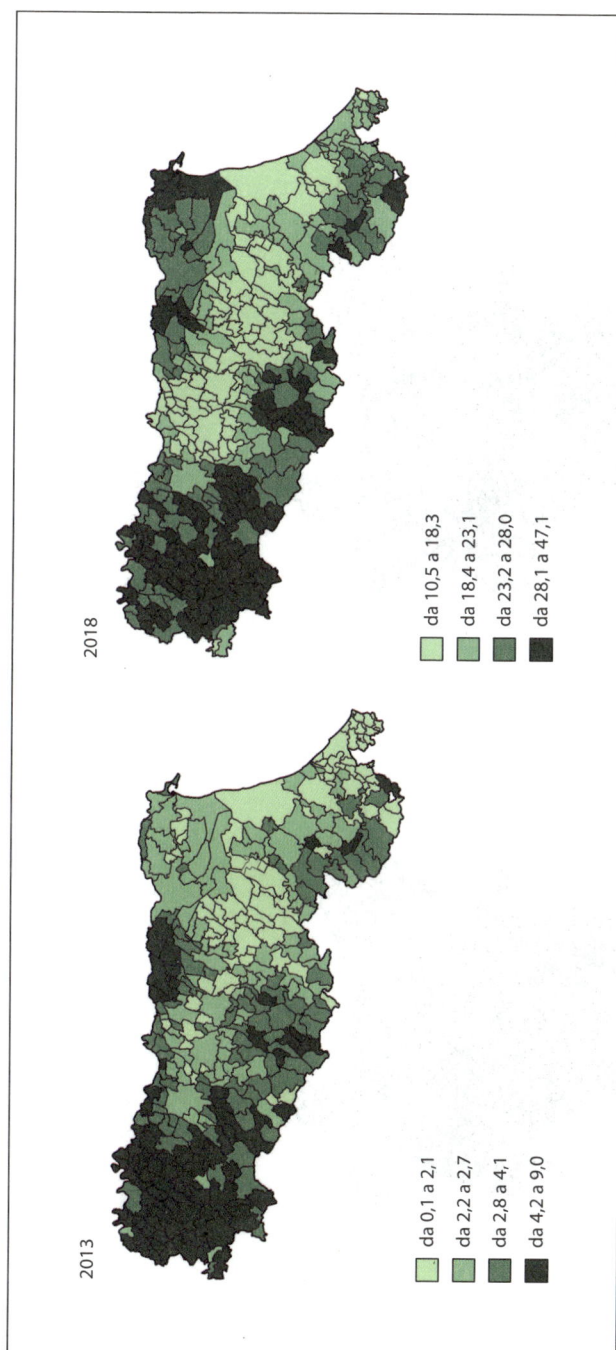

FIG. 3.8. Voti alla Lega Nord in Emilia-Romagna (elezioni politiche 2018 e 2013, %).

fonte: Elaborazione degli autori da Ministero dell'Interno (Camera dei deputati).

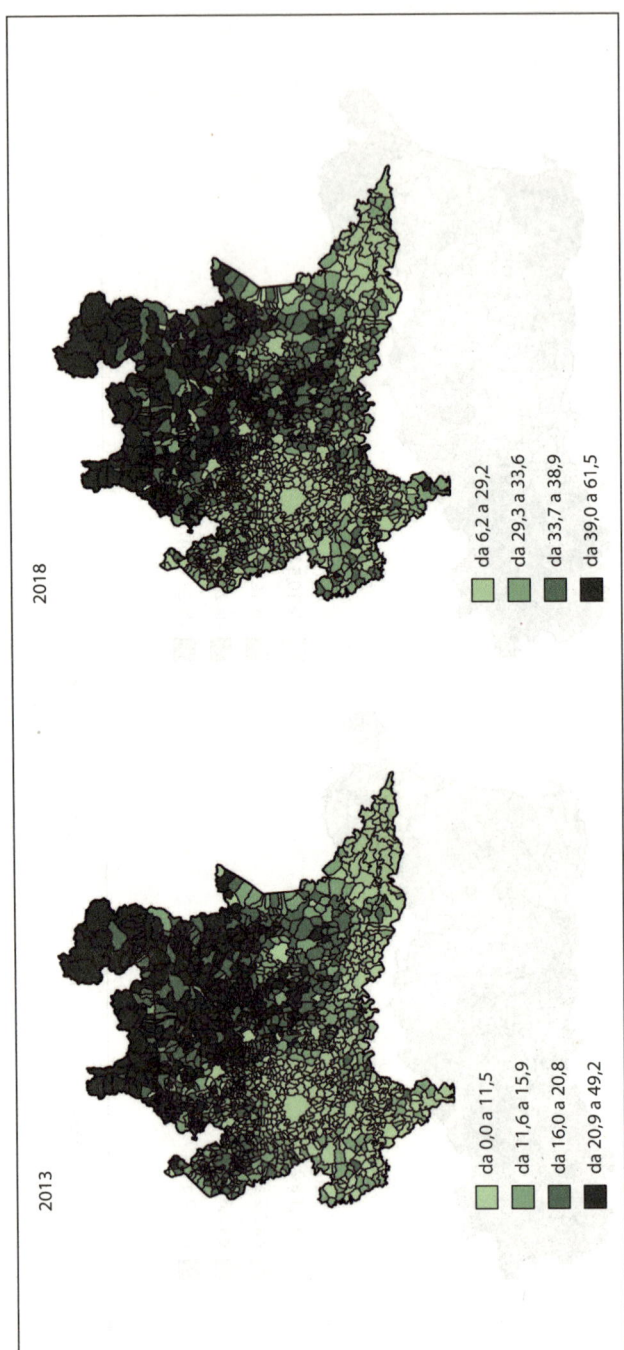

FIG. 3.9. Voti alla Lega Nord in Lombardia (elezioni politiche 2018 e 2013, %).

fonte: Elaborazione degli autori da Ministero dell'Interno (Camera dei deputati).

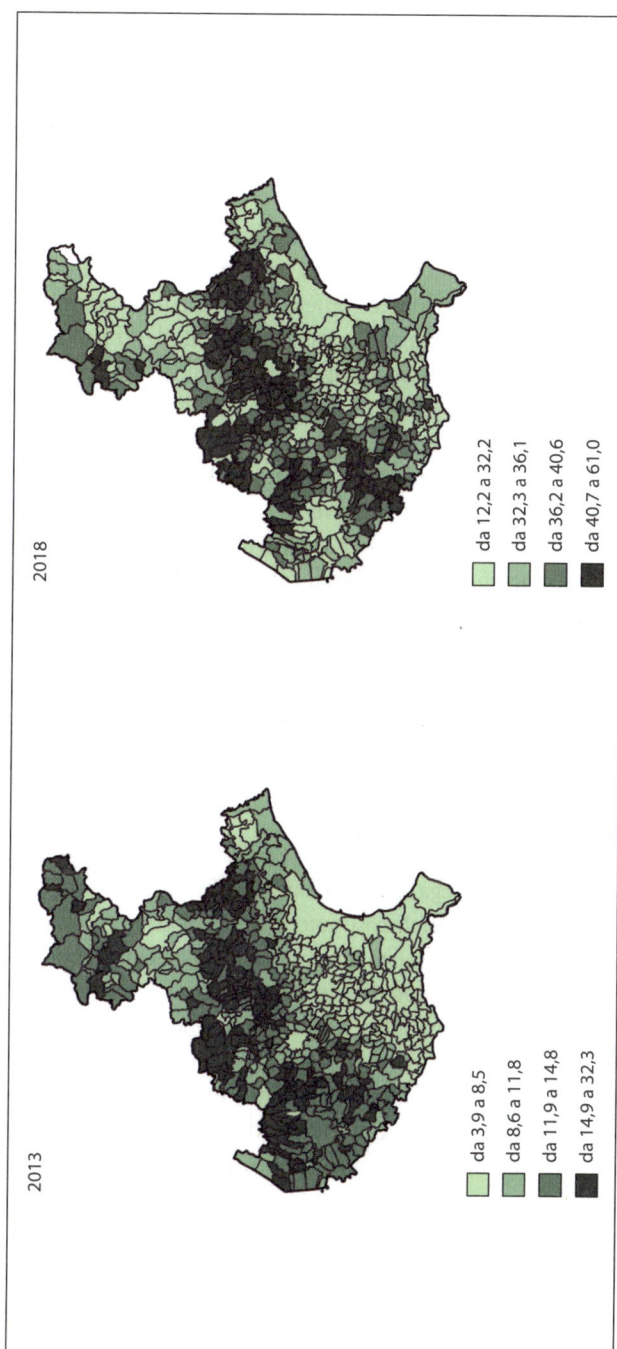

FIG. 3.10. Voti alla Lega Nord in Veneto (elezioni politiche 2018 e 2013, %).

fonte: Elaborazione degli autori da Ministero dell'Interno (Camera dei deputati).

l'ambiente di caccia del voto, ma anche il tentativo identitario, il biglietto da visita. Territorio come ambito geografico e come riferimento ideale. Nella storia del partito l'assetto geografico ha contato molto rappresentandone l'intero progetto politico, ma ha avuto chiaramente anche una funzione e un ruolo simbolici. Non solo le ampolle padane, i riti celtici e l'iconoclasta guerriglia antinazionale. Nell'immaginario leghista il territorio è divenuto esso stesso sinonimo della politica del partito. Fungeva da parte contrapposta all'unità nazionale come collante identitario e tratto distintivo rispetto all'avversario. Questa enfasi sull'identità territoriale, sebbene mai ben definita e soggetta a plurime ridefinizioni, è quindi parte essenziale della storia della Lega [Rumiz 2001].

L'ambizione di rappresentare un territorio è tanto consolidata e caratterizzante da essere ben presente anche nei programmi elettorali e nel progetto complessivo del partito: *Prima il Nord*, *Indipendenza della Padania*, *Lega lombarda/Liga veneta*, *Secessione*, e via discorrendo. Alla luce di queste considerazioni non dovrebbe pertanto apparire sorprendente rilevare che il territorio, o meglio quel territorio genericamente definito «Padania», sia stato e rimanga l'asse strategico, l'obiettivo finale del partito di Salvini. Del resto, lo Statuto del partito «Lega Nord per l'indipendenza della Padania», in vigore dal 2015, all'art. 1 recita in maniera cristallina che:

> «Lega Nord per l'Indipendenza della Padania» (di seguito indicato come «Lega Nord», «Lega Nord-Padania» o «Movimento») è un movimento politico confederale costituito in forma di associazione non riconosciuta che ha per finalità il conseguimento dell'indipendenza della Padania attraverso metodi democratici e il suo riconoscimento internazionale quale Repubblica Federale indipendente e sovrana.

Questi passaggi dello Statuto stridono, evidentemente, con i tentativi di far passare per cambio di identità una «semplice» ricollocazione tattica, operazioni di *maquillage* come la presentazione delle liste con un altro nome. La trasformazione della Lega Nord in «Lega-Salvini premier» è stata solo un espediente elettorale, un'azione facilmente confutabile.

TAB. 3.2. POSIZIONAMENTO ELETTORALE DELLA LEGA NORD PER COMUNE (ELEZIONI POLITICHE 1992-2018, % SU TOTALE COMUNI ITALIANI)

	1994	1996	2001	2006	2008	2013	2018
1° posto	19,2	33,0	0,0	1,6	10,2	3,3	39,3
2° posto	15,8	9,5	1,1	4,9	9,8	3,4	14,1
3° posto	9,9	5,6	2,3	17,6	32,6	4,0	16,0
4° posto	5,1	2,8	10,6	15,3	1,9	15,3	17,6
Totale comuni (N)	8.100	8.100	8.101	8.101	8.101	8.092	7.954

fonte: Elaborazione degli autori da Ministero dell'Interno; Camera dei deputati.

3. Con la lente di ingrandimento. La Lega nei comuni

I luoghi parlano e indicano molto del significato dei numeri di un'elezione. Un indicatore valido e affidabile dell'insediamento e dell'avanzamento elettorale di un partito in aree geografiche diverse da quelle di storica e tradizionale forza è il posizionamento ottenuto in ciascuna elezione su base comunale. La tabella 3.2 mostra che nel 2018 il numero di comuni che vedono la Lega in testa è cresciuto significativamente (39%), specialmente se comparato con i vent'anni precedenti. Il secondo miglior risultato è quello del 1996 (33%), ma il dato del 2018 è però molto più solido poiché indica che in oltre la metà dei comuni italiani (53%) la Lega ricopre il primo o il secondo posto tra le forze politiche; quota che sale fino al 69% se si considerano le prime tre posizioni, il cui valore più alto del passato fu raggiunto nel 2008 (53%).

Tuttavia, per rispondere all'interrogativo circa l'effettivo avanzamento *nazionale* della Lega Nord è necessario andare oltre il dato aggregato a livello, appunto, «nazionale» e considerare il livello regionale (tab. 3.3). Nel 2018 tra le regioni del Sud la Lega è giunta in testa solo in tre comuni (su 305) in Abruzzo e in altrettanti in Sicilia (su 390). Per il resto ha conquistato il secondo posto in 33 comuni sardi (su 377), 83 abruzzesi (su 305) e 6 molisani (su 136). Viceversa, è decisamente dominante nella quasi totalità dei comuni del Veneto e della Lombardia, storiche roccaforti, nonché in quasi i tre quarti dei municipi del Friuli Venezia Giulia e in circa i due terzi di quelli piemontesi. Il dato

TAB. 3.3. COMUNI IN CUI LA LEGA NORD SI È POSIZIONATA AL PRIMO POSTO (1992-2018, % SU TOTALE COMUNI DELLA REGIONE)

	1992	1994	1996	2001	2006	2008	2013	2018
Veneto	7,5	53,1	86,9	0,0	3,0	57,4	2,5	94,0
Lombardia	31,4	52,8	72,0	0,0	6,1	28,4	15,6	87,7
Friuli Venezia Giulia	6,0	41,4	83,7	0,0	0,0	0,0	0,0	72,6
Piemonte	20,9	27,7	55,8	0,0	0,9	5,2	1,2	64,7
Trentino-Alto Adige	1,4	3,4	56,5	0,0	0,3	2,7	0,7	49,0
Emilia-Romagna	0,6	2,4	7,9	0,0	0,3	0,0	0,0	33,2
Liguria	6,0	7,3	19,2	0,0	0,0	0,4	0,0	30,8
Umbria	0,0	0,0	0,0	0,0	0,0	0,0	0,0	13,0
Toscana	0,0	0,0	0,0	0,0	0,0	0,0	0,0	8,4

fonte: Elaborazione degli autori da Ministero dell'Interno; Camera dei deputati.

più significativo è quello dell'Emilia-Romagna, dove la LN è in testa nel 33% dei comuni, e quello del Trentino-Alto Adige (49%). Entrambi i casi confermano però un insediamento prevalentemente nordista. L'unica regione a sud del fiume Po a registrare valori superiori al 10% è l'Umbria (13%), seguita dalla Toscana. Anche questi dati, dunque, tendono a non corroborare la «tesi» o, meglio, la suggestione di una Lega Nord «nazionalizzata» sul piano elettorale.

Altra dimensione geografica utile a fare chiarezza sul tipo di insediamento della Lega è l'ampiezza del comune. In termini elettorali il partito oscilla vistosamente *tra campanili e metropoli* [Passarelli e Tuorto 2012a; 2012b]. Il dato elettorale del 2018 conferma l'esistenza di una relazione negativa tra andamento del voto alla Lega Nord e popolazione dei comuni considerati: le prestazioni sono nettamente superiori nelle comunità fino a 15 mila abitanti, per poi diminuire significativamente alla crescita dell'ampiezza demografica. Questa relazione è confermata anche dalla serie storica. Si tratta, infatti, di una dinamica costante tra il 1992 e il 2018, con un rapporto di forza elettorale del partito nei grandi e piccoli comuni di uno a tre (tab. 3.4). Ma nelle elezioni del 2018 è emerso anche un elemento nuovo. L'andamento decrescente del voto per ampiezza del comune compare solo nelle regioni del Nord (e della zona rossa) mentre nelle aree di nuovo insediamento tende a scomparire. Questo significa che al

TAB. 3.4. **VOTI ALLA LEGA NORD PER CLASSE DI POPOLAZIONE RESIDENTE DEI COMUNI (ELEZIONI POLITICHE 1992-2018, %)**

	1992	1994	1996	2001	2006	2008	2013	2018
< 5.000 abitanti	11,9	14,0	17,1	6,9	7,1	12,5	6,7	22,9
5-15.000	9,6	10,1	12,4	5,1	5,8	10,6	5,3	20,3
15-50.000	6,6	6,6	7,5	2,8	3,6	6,1	2,8	14,9
50-100.000	6,9	7,0	6,5	2,5	3,0	6,1	2,6	15,1
> 100.000 abitanti	6,9	5,9	5,8	1,8	2,7	6,1	2,0	12,9
Rapporto comuni grandi (100.000) vs comuni piccoli (< 5.000)	0,58	0,42	0,34	0,26	0,38	0,49	0,29	0,56

fonte: Elaborazione degli autori da Ministero dell'Interno; Camera dei deputati.

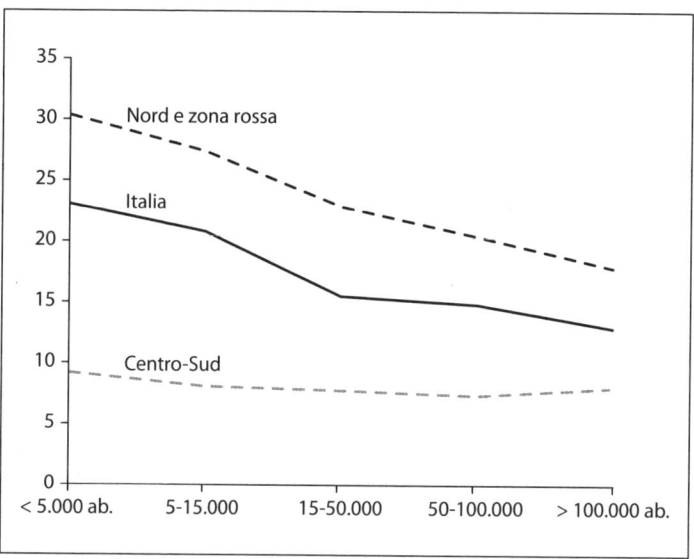

FIG. 3.11. Andamento del voto alla Lega Nord per ampiezza del comune (elezioni politiche 2018, Nord e zona rossa, Centro-Sud e Italia, %).
fonte: Elaborazione degli autori da Ministero dell'Interno; Camera dei deputati.

Centro-Sud la curva non ha particolari inclinazioni segnalando un insediamento leghista trasversale e omogeneo rispetto alla dimensione dei comuni (fig. 3.11). Una spiegazione di questo risultato potrebbe risiedere nel fatto che in quasi tutto il territorio a sud del Lazio (compreso) la Lega non aveva un radicamento particolare e, quindi, un territorio da cui partire per irradiarsi nelle aree vicine. Mancavano, cioè, quelle condizioni di prossimità comunitaria che all'origine hanno fatto da detonatore del voto nelle valli e nelle aree pedemontane del Nord. Al Centro-Sud la penetrazione in aree prima non leghiste, sebbene ancora limitata, sta a segnalare l'emergere di un modello di diffusione svincolato dalle caratteristiche dei contesti e legato piuttosto al messaggio mediatico che spiega anche il successo nelle aree urbane e metropolitane. Se guardiamo ai risultati elettorali nelle dieci città più popolose del Paese (Roma, Milano, Napoli, Palermo, Genova, Bologna, Firenze, Bari, Catania, Venezia), da un lato constatiamo che il voto *metropolitano* per la Lega conta complessivamente poco (raggiunge in media il 13%, meno del 17% nazionale), dall'altro possiamo osservare che al Centro-Sud il divario di forza tra piccoli e grandi comuni è decisamente più contenuto.

Se il voto alla Lega non si è nazionalizzato, si può ipotizzare che l'aumento di consensi abbia contribuito parzialmente a stemperare alcune caratteristiche geografiche del leghismo. Un'ultima caratteristica elettorale, di cui si dà cenno in questa analisi, riguarda l'andamento del voto per altitudine del comune. Così come gli elettori della Lega aumentano nei centri più piccoli per diminuire nelle città più grandi, allo stesso modo le percentuali di voto per il partito hanno sempre riflettuto l'orografia dei territori, raggiungendo i massimi nei centri di montagna e collina e i minimi in pianura, dove sono localizzate (anche) le grandi aree metropolitane. Dopo l'exploit del 2018 la relazione risulta ancora presente ma è diventata meno forte (tab. 3.5). Se si osservano in particolare i casi di Veneto e Lombardia – le due regioni chiave nella storia del partito – pur essendo il voto alla Lega maggiore nei comuni della fascia pedemontana e montana, la differenza con le città di pianura si è ridotta, a testimonianza di una capacità di penetrazione che ha prodotto una maggiore omogeneità del consenso non solo tra aree del Paese ma anche all'interno dello stesso Nord. Informazione, questa sull'altitudine, apparentemente superflua ma che conferma il progressivo cambiamento del partito, anche a prescindere dall'effettiva nazionalizzazione.

TAB. 3.5. ANDAMENTO DEL VOTO ALLA LEGA NORD PER ZONA ALTIMETRICA DEL COMUNE (LOMBARDIA E VENETO, ELEZIONI POLITICHE **2008, 2013 E 2018**, %)

	2008	2013	2018
Pianura (0-100 metri)	24,1	11,6	33,8
Semipianura (100-300)	27,1	15,7	33,3
Collina (300-600)	31,4	19,4	37,1
Montagna (> 600 metri)	35,5	22,4	41,3
η (eta)	0,449	0,564	0,355
N	2.110	2.092	2.032

nota: Il coefficiente η (eta) esprime la forza della relazione tra voto alla LN e altimetria (varia tra 0 e 1).
fonte: Elaborazione degli autori da Ministero dell'Interno.

4. Una Lega in tante zone. Ricucire la tela

Nel Nord. La vera domanda cruciale e intellettualmente rilevante concerne le aree di insediamento tradizionale del partito di Salvini. Il Nord-Ovest rimanda al contesto del (fu) Triangolo industriale, all'area laica, con differenziazioni anche interne alle regioni come per la zona bianca del Cuneese. Viceversa, il Nord-Est era molto più omogeneo e caratterizzato da una lunga predominanza della Democrazia cristiana. Su questo substrato politico si è andata a innestare nel tempo l'esperienza leghista. La storia di un (quasi) trentennio di governo in gran parte del territorio settentrionale è sicuramente un argomento importante in grado di giustificare, da solo, la tenuta elettorale *nonostante* Salvini abbia proposto una nazionalizzazione del partito, e perciò potenzialmente un'offerta indistinta tra Nord e Sud da sempre *contrapposti* e antitetici nel progetto leghista. Nel partito alcune voci minori, inascoltate perché dissensi ininfluenti, si sono levate contro il progetto nazionale che «dimentica» tatticamente il federalismo da secessione, soggiogato dal risultato vincente che ha omologato il partito al volere di Salvini. Restano dunque da monitorare eventuali differenze di consensi *all'interno* del Nord quali potenziali elementi di defezioni future rispetto al progetto «nazionale».

Nella zona rossa. «Occupiamo l'Emilia», quasi minacciò l'ineffabile Giulio Tremonti, per otto anni ministro dell'Economia e delle Finanze nei governi guidati da Berlusconi. Abile trasformista politico transitato dal Partito socialista al Patto Segni, a Forza Italia, al Pdl e, infine, alla Lega Nord, ed eletto in varie circoscrizioni, dalla Lombardia alla Calabria. Un leghista nazionalista *ante litteram*. Era il 2010. Le dichiarazioni dell'allora ministro Tremonti, a fianco di Bossi durante la «Festa della zucca» di Pecorara (Piacenza) e in procinto di passare alla compagine leghista, incitavano ad allargare la zona d'influenza del partito. Pochi mesi prima il Carroccio ottenne il 13,7% in Emilia-Romagna, cui seguirono profluvi di commenti isterici allorché molti a sinistra pensarono che il pericolo fosse scampato (scambiando l'invasione con il 50,1%). Negli anni successivi dimenticarono l'adrenalina e continuarono come se niente fosse, salvo svegliarsi il 5 marzo 2018 come se il 19% venisse da Marte, e non fosse invece frutto di un logorio costante della roccaforte rossa.

La Lega Nord era già presente come *competitor* fin dagli anni Novanta, anche se con una forza e un peso minori. I risultati ottenuti in quest'area hanno seguito il trend del voto nazionale, con valori significativi per le regioni estranee al Nord di storico insediamento leghista. Nel 2018 l'influenza del partito è certamente superiore al passato, sia in voti assoluti sia in percentuali (fig. 3.12). Il dato più rilevante riguarda il numero di comuni in cui la LN è giunta in testa, passato dalle 26 unità del 1996 alle 110 del 2018. Quest'ultima tornata elettorale ci dice che in quasi tutte le municipalità la Lega sale spesso sui primi due gradini del podio, mentre nel 2008 si piazzava prevalentemente al terzo posto (nel 65% dei casi) o peggio. Una crescita dunque significativa sul piano numerico.

Sul versante politico è però cruciale capire da dove provengano questi consensi, da chi li abbia presi. I fattori sono molteplici e per spiegare una crescita del 600% tra il 2013 e il 2018 non è possibile fare riferimento a un unico fattore. Abbiamo visto e ribadito quanto l'avanzata leghista si sia nutrita *prevalentemente* di consensi provenienti dai partiti del centro-destra, con cui esiste un rapporto di simbiotica mutualità. Questa dinamica si è confermata nel tempo anche nella zona rossa e, in particolare, in Emilia-Romagna, dove pure era forte il mito «dell'operaio Fiom» che aveva scelto il Carroccio. Al di là dell'associazione pavlovia-

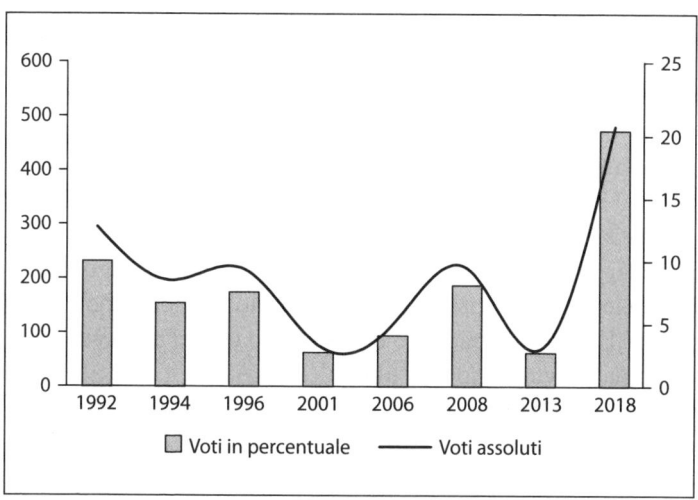

FIG. 3.12. Andamento del voto alla Lega Nord in Emilia-Romagna (elezioni politiche 1992-2018, Camera dei deputati, N in migliaia asse sx, % asse dx).
fonte: Elaborazione degli autori da Ministero dell'Interno.

na tra l'essere iscritto a un sindacato di sinistra e il voto per la sinistra, non era corroborato dai dati che la Lega raccogliesse consensi statisticamente significativi da ex elettori di partiti di centro-sinistra. Studi ecologici avevano già dimostrato che proprio nei luoghi dei distretti industriali i maggiori sostegni alla Lega venissero in *magna pars* da Forza Italia e Alleanza nazionale [Passarelli e Tuorto 2012a].

Il contesto generale è cambiato, e anche in Emilia-Romagna i partiti di centro-sinistra sono stati abbandonati da molti elettori. Per questa ragione è utile considerare il combinato disposto della crescita esponenziale della LN e della crisi della sinistra. In una condizione simile è del tutto plausibile ritenere che il partito con il maggiore insediamento, ossia il Partito democratico, veda una parte dei suoi voti confluire nella forza che è cresciuta di più. È quanto successo nel 2018, come rilevato dall'analisi dei flussi nelle principali città capoluogo dell'Emilia-Romagna, con perdite tra il 5 e il 10% di quanti nel 2013 avevano votato Pd e poi hanno ceduto alle sirene di Salvini. Ciò non toglie che la conquista di elettori dal Pd resta congiunturale, limitata nello spazio e nel tempo, posto che la maggior parte dei nuovi voti al partito, come ribadito, proviene storicamente dai propri alleati di coalizione.

Nel Centro-Sud. L'aumento dei consensi alla Lega o, meglio, la sua prima comparsa significativa rappresentano un fenomeno politico rilevante non già in termini di voti assoluti quanto in relazione a due domande teoriche molto più rilevanti. Innanzitutto, verificare in cosa gli elettori leghisti nel Centro-Sud siano diversi dagli elettori del Nord, e poi, soprattutto, chiedersi non tanto perché la LN abbia raccolto quel numero di voti ma perché non ne abbia ricevuti ancora di più.

Se per anni la Lega Nord e Salvini hanno considerato il Sud come una zavorra del Nord produttivo, prospero e civile, bisognerebbe capire o, meglio, esplicitare quali siano quei «parassiti». Certo, pretendere dati empirici è opera ardua nel Paese delle «opinioni» senza fondamento. Qualche idea la Lega Nord l'ha offerta nel corso del tempo, puntando ad esempio l'indice contro i maestri meridionali che rubano i posti di lavoro ai padani, contro i meridionali lestofanti *tout court à la* Lombroso. I parassiti non potevano essere, ovviamente, quelle aziende del Nord prosperoso e civico che hanno fatto incetta di bilanci truccati, stretto alleanze con la camorra per la distribuzione forzosa dei propri prodotti e, infine, sversato senza tanti scrupoli tonnellate di rifiuti speciali nelle aree del Sud. Ma rimaniamo al punto. La Lega, al netto di molti elettori illusi da Salvini e adescati da un rampante populismo che incita alla lotta tra poveri, era e rimane un partito *del* Nord e *per il* Nord, le cui politiche (proposte per ora) non farebbero che aumentare le disuguaglianze e la distanza tra Nord e Sud fino a generare una secessione *de facto*.

nota

[1] Per avere un riferimento concreto, nel 2013 il Movimento 5 stelle registrò un valore pari a 0,90. In forma analoga nello stesso anno il Popolo della libertà era un partito nazionalizzato, con un valore molto alto di 0,89. Ancora, nel 2013 i risultati per il Partito democratico erano in linea con quelli del Pdl (0,88), mentre nel 2018 ha subito una debole contrazione del suo insediamento geoelettorale facendo registrare un valore pari a 0,86.

4. Un partito di estrema destra per un elettorato di estrema destra

> P.S. Dire «Prima il Nord» è razzista? Ma per piasè, i razzisti sono coloro che da decenni campano come parassiti sulle spalle altrui.
>
> Dall'account Facebook di Matteo Salvini,
> 17 ottobre 2012

1. Di che cosa si parla quando si parla di Lega

Abbiamo finora esaminato la struttura organizzativa del partito e il radicamento territoriale del voto alla Lega mostrando come, in entrambi i casi, esistano tratti di continuità e di cambiamento. Abbiamo anche sottolineato che le trasformazioni avvenute sono l'esito di un processo che parte da lontano e che è stato accelerato dall'evoluzione del quadro politico, in Italia come in Europa, e dagli sviluppi della crisi economica. In questo capitolo focalizziamo l'attenzione sugli elettori della Lega Nord ricostruendone il profilo sociodemografico, gli atteggiamenti politici, le valutazioni sulle questioni presenti nel dibattito pubblico e rispetto a cui si posizionano in modo più o meno allineato con quanto espresso dal partito. Dalla letteratura sulla scelta di voto sappiamo che gli elettori tendono a premiare il partito più vicino alle loro preferenze [Downs 1957; Hinich e Munger 1997] o, alternativamente, quello ritenuto più capace e competente ad affrontare temi sulla cui rilevanza tutti concordano [Bellucci e Segatti 2010]. Alla luce di ciò diventa centrale capire quali tratti esprimano gli elettori della Lega, quali siano i loro orientamenti e atteggiamenti politici prevalenti, e chiedersi come siano mutati (o perché siano rimasti invariati) nel corso degli anni.

L'immagine che emerge dal voto del 2018 è quella di un partito che ha puntato su alcuni temi forti, ampiamente dibattuti nell'elettorato e rispetto ai quali ha radicalizzato nel tempo le posizioni cercando di porsi come l'attore più qualificato per affrontare problemi ed elaborare proposte. Ci riferiamo, in particolare, alla questione immigrazione e all'antieuropeismo. Su questi due temi caldi la Lega non è l'unica formazione a esprimere una posizione netta. L'antieuropeismo è un sentimento ormai genericamente diffuso tra i cittadini ed enfatizzato anche da altri soggetti politici. Allo stesso modo, atteggiamenti di paura e chiusura nei confronti dell'immigrazione non sono nuovi nello scenario politico italiano e nell'opinione pubblica, ritornando periodicamente al centro del dibattito. Si pensi, ad esempio, alla campagna elettorale del 2008, giocata interamente sull'emergenza sicurezza e criminalità soprattutto dallo schieramento di centro-destra [Itanes 2008]. Ma, a differenza di tutte le altre formazioni in campo, la Lega è riuscita, in questi anni, a fornire un quadro interpretativo semplificato di risposte a entrambe le questioni, riuscendo a esibire posizioni coerenti e offrendo come valore aggiunto un profilo ideologico chiaro, la collocazione a destra, in grado di orientare la decisione di voto dell'elettorato politicamente più strutturato.

Sugli altri temi l'operazione condotta dal partito è stata più elaborata. In alcuni casi la ridefinizione dei macroscenari di riferimento ha imposto scelte in discontinuità, il cui impatto sull'elettorato d'appartenenza e anche su quello potenziale non era affatto scontato. Si pensi alla decisione di derubricare la questione federalismo, sostanzialmente scomparsa dalle priorità del partito, o alle non chiarite ambiguità rispetto al ruolo dello Stato nell'economia, quindi al rapporto pubblico-privato e al modello di politiche sociali da promuovere. L'ambito dell'economia è forse quello più complesso da gestire per le formazioni della destra radicale in Europa. Maggiore coerenza si riscontra invece, come vedremo, sul piano culturale-valoriale, dove la Lega e il suo elettorato appaiono compatti nel sostenere atteggiamenti di quasi totale chiusura rispetto ai diritti individuali e al relativismo etico, così come nel manifestare intolleranza verso gruppi sociali minoritari. Infine, c'è il tema del populismo, che pone la questione del rapporto concorrenziale con l'altra formazione antiestablishment, il Movimento 5 stelle, sul terreno dell'antipolitica.

2. I profili sociodemografici degli elettori leghisti

Ricostruire le caratteristiche di base degli elettori della Lega di oggi è un passaggio necessario per capire un partito che ha triplicato i suoi voti nell'arco di soli cinque anni. Abbiamo visto come l'espansione elettorale leghista si sia accompagnata a una diversificazione territoriale dei consensi mai raggiunta prima, ancora parziale ma significativa. Cominciando a palesarsi in territori diversi da quelli del Nord il messaggio del partito ha impattato su contesti locali assai differenti. Ha senso, quindi, chiedersi come sia cambiato il profilo di chi ha scelto il partito, se siano ancora presenti e rilevanti i tratti riconducibili al profilo originario o se, diversamente, la composizione sociale dell'elettorato di riferimento si sia persa. In altri termini, la Lega è diventata un partito pigliatutti? Le categorie e i gruppi sociali che hanno votato Lega al Nord e al Sud sono diversi tra loro, date anche le differenze esistenti nei vari territori?

Questo insieme complesso di questioni generali impone una lettura assieme comparata – tra aree geografiche – e diacronica – nel tempo – del voto alla Lega. Ma è utile indagare anche altri aspetti che attengono a specifici interrogativi: il profilo di genere (è aumentata la presenza delle donne?), per età (Salvini riesce a catturare i voti dei giovani? Sfonda tra le generazioni adulte?), per condizione occupazionale e professionale. Le dimensioni economiche e del lavoro, che tratteremo più specificamente nel paragrafo 4, rimandano a riflessioni cruciali per comprendere il successo e le prospettive di espansione del partito. Il declino di Forza Italia come riferimento di una parte della borghesia nazionale ha prodotto un riallineamento del voto a favore della Lega che si candida a rappresentare i ceti più benestanti del Paese. Sebbene in passato i due partiti abbiano costruito i loro consensi senza sovrapporsi, insistendo su nicchie di elettorato almeno parzialmente distinte per composizione socioeconomica (l'operaio/il proprietario della piccola impresa e l'imprenditore terziarizzato), l'universo di riferimento ha continuato a essere quello del ceto medio autonomo del Nord la cui transizione alla Lega è vissuta come un passaggio naturale, un'osmosi, l'apoteosi del *forza-leghismo*. Ma il successo della Lega pone anche un'altra questione: quella che riguarda l'effettiva capacità del partito di penetrare all'interno di fasce sociali diverse come, ad esempio, nell'area del lavoro dipendente, specie nel settore privato più esposto agli effetti della crisi. Per estensione, questo discorso rimanda al tema della rappresentanza del disagio economico e della precarietà lavorativa, ossia al dibattito sui cosiddetti «perdenti della modernizzazione» [Betz 1994], sul populismo generato dalla crisi e dalla recessione. Riferirsi a questo tema non significa indicare la Lega come possibile, quanto improbabile, referente politico dei ceti marginali o marginalizzati ma, più estesamente, tenere conto del contesto di crescente disuguaglianza e incertezza – non solo economica, ma anche sociale e culturale-valoriale – dentro cui si struttura il voto a questo partito.

Le elezioni del 2018 restituiscono il profilo di un elettorato leghista che, nonostante il fortissimo incremento quantitativo, registra solo alcune variazioni significative sul piano qualitativo. Nella Lega non c'è stato dunque un terremoto, ma cambiamenti che proseguono lungo linee di tendenza di lungo periodo, confermando quindi chiavi interpretative già avanzate più che aggiungerne di nuove. In precedenza avevamo segnalato l'emergere di un processo di normalizzazione dentro il mondo leghista, con un elettorato che tendeva a diventare meno maschile del passato, meno giovane (ma ancora poco anziano), istruito quanto il resto della popolazione e rappresentato ampiamente da fasce sociali non (solo) riconducibili al lavoro autonomo [Passarelli e Tuorto 2012b]. Questa evoluzione risulta in larga parte confermata dai risultati riportati nella tabella 4.1, che si riferiscono ai profili degli elettori della Lega e di altri gruppi di elettori tra il 2001 e il 2018.

Per quanto riguarda il genere, a differenza di quanto avviene in altri partiti del centro-destra in cui gli uomini sono la maggioranza (e dove, paradossalmente, a femminilizzarsi è stata la classe politica del partito), la quota di donne che votano Lega pareggia quella degli uomini. Siamo comunque in presenza di un cambiamento significativo, se si pensa che due decenni prima il divario raggiungeva i 20 punti percentuali.

Rispetto al dato anagrafico la LN risulta un partito di elettori collocati nelle fasce di età intermedia. Se si escludono gli anni dell'esordio politico, i giovani non sono mai stati una componente rilevante del mondo leghista, tantomeno lo sono diventati nel 2018. Piuttosto, nel corso del tempo il processo di progressivo invecchiamento dell'elettorato si è intensificato. Alla fine degli anni Novanta l'età mediana era 43 anni, mentre nelle ultime due elezioni si è attestata a 48-50 anni, un aumento più che proporzionale al cambiamento avvenuto nell'elettorato. Alla generazione leghista della prima ora ormai ultracinquantenne non si sono aggiunti nuovi e significativi afflussi dalla componente giovanile della popolazione. Il fatto che la Lega non sia un partito per giovani lo dimostra il dato relativo all'incidenza degli under 35 sul totale degli elettori del partito (12%), più basso rispetto a quanto riscontrato tra le altre formazioni del centro-destra. Effetto di questa distribuzione per età è che prevale una componente ampia di elettori collocati nel mercato del lavoro, attivi e in una fase di maturità di carriera; condizione che si riflette naturalmente sulla domanda politica e sul tipo di istanze promosse dal partito.

Oltre a essere invecchiato l'elettorato leghista possiede un titolo di studio mediamente più basso. Se in passato il profilo per istruzione era sostanzialmente in linea con il dato generale, negli anni si è manifestata una tendenza progressiva all'abbassamento del livello di istruzione di chi vota centro-destra, in modo particolare di chi vota Lega. Ma mentre nel caso di Forza Italia (o Fratelli d'Italia) si configura una polarizzazione tra elettori poco istruiti ed elettori con laurea, il voto alla Lega combina una quota minima di laureati e massima di elettori che non hanno conseguito il diploma; profilo radicalmente opposto rispetto a quello del Partito democratico, che accoglie il massimo di laureati.

Tra le diverse dimensioni considerate la condizione occupazionale e la posizione nella professione sono quelle che più aiutano a capire se e che cosa è cambiato. Sappiamo che la crescita della Lega è avvenuta soprattutto attraverso un travaso di voti da Forza Italia. I flussi di voti in entrata e in uscita tra queste due formazioni del centro-destra sono una costante nella storia elettorale italiana [Berselli 2007; Passarelli e Tuorto 2012b] e si sono riproposti anche nel 2018 [De Sio e Schadee 2018; Vignati 2018]. Ma quale parte dell'elettorato si è spostata sulla Lega? E quali categorie lavorative sono diventate prevalenti? La Lega è sempre stata un partito che accoglieva soprattutto occupati e questa componente si è ulteriormente allargata avendo raggiunto nel 2018 il 70%, una percentuale più alta di quella degli altri partiti e soprattutto del Pd tra i cui elettori si concentra una quota crescente di ritirati dal lavoro. Nella LN i restanti profili occupazionali sono tutti poco rappresentati: studenti, casalinghe, pensionati e anche disoccupati hanno un peso minore rispetto a quanto pesano nell'elettorato e, inoltre, la propensione di queste categorie a votare Lega resta piuttosto bassa (in particolare quella degli studenti).

L'aumento dell'età media segnala che la Lega è un partito sì di occupati, ma nella fase centrale della loro carriera o prossimi all'uscita dal lavoro. L'elettore tipo che vota Lega è un cinquantenne relativamente sicuro del suo posto (la disoccupazione o la precarietà non sono in cima ai suoi problemi, nella maggioranza dei casi) e si può ipotizzare che sia preoccupato più per la possibile perdita del potere d'acquisto del suo salario presente (o della pensione futura). Queste generiche considerazioni aiutano forse a capire meglio le ragioni dell'investimento fatto dalla classe politica del partito su alcune campagne simboliche quali, ad esempio, quella per il superamento della legge Fornero sui pensionamenti e, quindi, contro la penalizzazione del trattamento economico per chi decida di anticipare l'uscita dal lavoro rispetto ai parametri fissati dalla riforma.

Il richiamo alla posizione lavorativa aiuta a rispondere all'altro interrogativo sui profili professionali dominanti nell'elettorato e sulla capacità del partito di intercettare, a seconda delle chiavi di lettura assunte, i ceti benestanti o l'area generica del disagio sociale. Si tratta, evidentemente, di questioni complesse che troveranno un ulteriore approfondimento più avanti nel capitolo, quando si metteranno a fuoco non solo le condizioni oggettive di vita ma anche le percezioni circa la propria situazione economica. Qui rileviamo, comunque, alcuni dati di fondo che aiutano a fare chiarezza. Il primo è che la Lega resta ancora un partito tra i cui elettori occupati è presente una quota importante di lavoratori autonomi, poco più di un quarto, superiore a quella presente nel resto dell'elettorato ma sostanzialmente analoga a quella registrata in altri partiti della coalizione. Non siamo di fronte, quindi, a un allineamento massiccio di una classe o condizione professionale sul voto alla Lega, né emerge un'accentuazione nel tempo della componente di autonomi intercettati dal partito (tab. 4.1). Si tratta, piuttosto, di una connotazione propria dell'intero mondo sociale del centro-destra, aspetto questo ampiamente noto tra chi ha studiato i partiti politici della Seconda Repubblica.

La maggior parte dei consensi alla formazione di Salvini proviene, come era naturale che fosse data la prevalenza nella popolazione, dal lavoro dipendente. Non possiamo però parlare di una formazione politica pienamente interclassista in quanto persiste una linea divisoria oltre la quale il partito non riesce ad avanzare, ossia il mondo lavorativo del settore pubblico. Tra tutti gli occupati che votano Lega gli impiegati hanno un peso che è nettamente minore di quello che hanno in quasi tutte le altre formazioni politiche. Largamente rappresentati sono invece i lavoratori dipendenti del privato, con un elemento distintivo importante rispetto a Forza Italia: a prevalere sono gli occupati delle grandi imprese rispetto a quelli delle piccole imprese. Questo dato apre al tema, controverso, del voto operaio alla Lega. Nel 2018 la quota di elettori leghisti inquadrati come lavoratori manuali o che svolgono mansioni esecutive corrispondeva a circa un quarto degli occupati che votano il partito (25%, in media 21% nella popolazione). La Lega è quindi anche un partito scelto dagli operai e il voto di questa categoria per le camicie verdi è (leggermente) superiore al livello medio dei consensi ottenuti dal partito. Si tratta di risultati non scontati, ma comunque insufficienti per sostenere la tesi di uno sfondamento leghista in questo segmento del mondo del lavoro. La presenza operaia è maggiore nella Lega che negli altri partiti della coalizione ed è anche maggiore che tra gli elettori del Pd (ma meno rilevante rispetto al dato registrato nel M5s, cap. 5). Non si riscontra però una tendenza alla crescita di questa componente, né si configura una capacità del partito di egemonizzare altre aree di potenziale difficoltà legate alla condizione lavorativa, come nel caso dei di-

TAB. 4.1. PROFILI SOCIODEMOGRAFICI DEGLI ELETTORI DELLA LEGA (NORD) E CONFRONTO CON ALTRI ELETTORI DI CENTRO-DESTRA (2001-2018, INCIDENZA % DELLA CATEGORIA SU 100 ELETTORI CHE HANNO VOTATO IL PARTITO)

	2001	2006	2008	2013	2018
Uomini (sul totale)					
Elettori Lega (Nord)	56,4	51,3	49,3	47,8	50,4
Elettori Pdl (Forza Italia + An/Fdl)	43,4	46,1	47,0	56,2	58,6
Tutti gli elettori	50,7	52,0	51,5	52,1	51,1
Età media (in anni)					
Elettori Lega (Nord)	44,7	46,3	48,3	48,1	50,1
Elettori Pdl (Forza Italia + An/Fdl)	49,6	49,1	50,2	52,9	48,4
Tutti gli elettori	46,7	47,3	49,5	48,5	48,2
Meno del diploma (sul totale)					
Elettori Lega (Nord)	60,6	62,9	53,4	18,5	23,7
Elettori Pdl (Forza Italia + An/Fdl)	70,5	56,9	53,7	20,8	14,6
Tutti gli elettori	58,3	51,5	48,1	16,2	13,6
Occupati (sul totale)					
Elettori Lega (Nord)	60,7	59,6	53,4	59,1	69,5
Elettori Pdl (Forza Italia + An/Fdl)	41,4	46,3	41,1	40,5	68,7
Tutti gli elettori	48,4	51,7	43,9	49,3	67,4
Lavoratori autonomi (sul totale degli occupati)					
Elettori Lega (Nord)	29,4*	32,8	28,8	26,9	26,5
Elettori Pdl (Forza Italia + An/Fdl)	34,9	35,6	30,1	31,2	32,1
Tutti gli elettori	27,2	27,0	22,8	26,7	19,5
Operai (sul totale degli occupati)					
Elettori Lega (Nord)	35,3*	26,9	26,3	n.s.	24,7
Elettori Pdl (Forza Italia + An/Fdl)	33,3	29,1	26,5	n.s.	18,5
Tutti gli elettori	29,0	25,9	26,7	n.s.	21,4
Praticanti assidui alla messa (sul totale)					
Elettori Lega (Nord)	38,5	34,7	46,4	30,2	19,9
Elettori Pdl (Forza Italia + An/Fdl)	44,7	43,1	50,8	38,3	25,9
Tutti gli elettori	40,1	35,5	46,0	32,1	20,1
N	2.324	2.510	1.708	2.332	1.850

nota: Praticanti assidui: vanno a messa 2-3 volte al mese o più spesso. Le percentuali di elettori con meno del diploma sono significativamente più basse nel 2013 e nel 2018 in ragione della diversa impostazione metodologica delle indagini. * N < 50.

fonte: Itanes.

soccupati o dei precari che restano complessivamente marginali sia tra l'elettorato sia nel programma della Lega.

Infine, un tema poco considerato ma in diversi momenti cruciale nella storia della LN riguarda la religiosità. In passato era stato rilevato come l'elettorato leghista fosse composto da credenti moderati [Cartocci 1994]. Anche al presente questo tratto pare essere confermato. I «poco» o «per niente» praticanti compaiono in percentuali limitate, come d'altronde i praticanti più assidui, che risultano invece contare di più tra le altre formazioni del centrodestra. Nel corso del tempo l'elettorato fedele alla messa è rimasto lo stesso in termini percentuali, e non è aumentato neppure nel 2018 nonostante una certa enfasi sul tema religione sia emersa più volte nelle dichiarazioni dei dirigenti del partito e in alcune manifestazioni pubbliche. Per quanto l'indicatore sulla frequenza alla messa rilevi assai parzialmente la dimensione sottostante, il rapporto con il tema religione si lega in modo complesso con le posizioni sui valori. L'elettorato leghista è sicuramente tradizionalista, e questo può essere attribuito anche alla presenza di un tratto religioso. Al contempo, però, manifesta orientamenti fortemente ostili e intolleranti, meno interpretabili a partire da una presunta intensificazione del senso religioso e che attengono piuttosto a una prevalenza di (e a uno spostamento verso) posizioni di destra. Possiamo evidenziare, quindi, la contraddizione tra dinamiche di normalizzazione sociodemografica dell'elettorato e radicalizzazione ideologica.

3. In fondo a destra

> La Lega con l'Msi? Mai! Maaai! Mai! Noi della Lega siamo quelli che continuano la lotta di liberazione fatta dai partigiani e traditi dalla partitocrazia. Mai coi fascisti! Mai coi nipoti dei fascisti! Mai.
> (Umberto Bossi, Congresso della Lega Nord, 1994)

Che la Lega sia un partito di destra non è una sorpresa né una novità politica. Lo spostamento o, per meglio dire, lo schiacciamento su questa polarità ideologica e, soprattutto, l'importanza attribuita alla rivendicazione di una tale identità hanno trovato negli anni recenti forza e senso in considerazione di dichiarazioni pubbliche e prese di posizione su temi chiaramente di destra, di alleanze strategiche con movimenti altrettanto nettamente connotati sul piano ideologico a livello sia nazionale (su tutte, i rapporti liberamente esplicitati con CasaPound) sia internazionale. Ma non sempre è stato così. All'origine della sua storia la Lega si era proposta come forza politica innovativa, di protesta e antisistema ma non connotata dal punto di vista ideologico. Solo dopo la metà degli anni Novanta, con la radicalizzazione del discorso secessionista e, successivamente, con l'accentuazione della critica antieuropeista e anti-immigrati, si comincia a delineare una contiguità più chiara con la famiglia dei partiti di estrema destra [Ignazi 2003; Passarelli e Tuorto 2012b].

La segreteria Salvini ha indubbiamente accelerato questo processo. Il posizionamento a destra è stato largamente sponsorizzato dal partito, che ne ha fatto un tratto importante della propria identità raccogliendo un riconoscimento sempre maggiore. Le ragioni contestuali e l'opportunità sottese a questo cambiamento possono essere desunte, anche, dalla storia politica dell'ultimo decennio. *In primis*, ha contato il riassetto dell'offerta partitica nel Paese. La nascita del Popolo della libertà avvenuta nel 2008 ha fornito alla Lega un'enorme opportunità di drenare voti da una destra priva di Alleanza nazionale, suo naturale partito di riferimento. Sul piano internazionale la sponsorizzazione del Front National di Le Pen e del nazionalismo ortodosso di Vladimir Putin, e la tessitura di un quadro fitto di alleanze con altri partiti della destra radicale a Bruxelles hanno reso esplicito quello che nella Lega di qualche anno prima era solo evocato.

È noto che all'interno del partito il tema del posizionamento ideologico abbia suscitato un certo dibattito che, però, si era incanalato prevalentemente nella direzione del conflitto tra vecchia e nuova dirigenza. A farsi portatori di una posizione ideologicamente più equilibrata sono stati i bossiani che, screditati sul piano personale oltre che politico, non sono riusciti a imporre la loro linea. Non che la Lega di Bossi fosse simile a un gruppo di francescani scalzi dediti alla pace tra gli esseri umani. Le oscenità pronunciate da Borghezio, Calderoli e Gentilini su immigrazione, religione e diritti civili avevano toni da quasi pogrom. Il partito si era già spinto sull'estrema destra, anche per distinguersi dal conservatorismo di Forza Italia. La differenza con la Lega sotto il controllo di Salvini è che l'alleanza e/o l'intesa con i movimenti neofascisti nazionali ed europei sono palesi, dichiarate, orgogliosamente rivendicate. Inoltre, i toni sono apparentemente meno contraddittori anche per l'assenza all'interno del partito di quella pluralità di posizioni che, per quanto sottoposte al controllo bossiano, durante la Lega degli albori portavano al confronto tra opinioni divergenti. Con il partito di Salvini il dado è tratto e non si vedono sfidanti all'orizzonte. L'esito di questa disputa è stato che oggi il partito non ha più remore a scegliere un campo che controlla facilmente, di cui è diventato il referente principale (se non l'unico) scalzando sul piano elettorale prima An e poi la stessa formazione di Fratelli d'Italia, fino a sostituire le altre destre nello storico ruolo di garante per la galassia neofascista.

Questo posizionamento più chiaro ha significato, tra le altre cose, chiudere con le ambiguità che pure si erano manifestate in passato, dettate in alcuni casi dalla necessità di contaminare culture politiche ed elettorati difformi. Si pensi, ad esempio, alla posizione del partito rispetto alla memoria della Resistenza e alla guerra di Liberazione, specie nelle regioni rosse. Tra i casi di postideologismo (camaleontismo) leghista va ricordata la vicenda di Bologna, quando nel 2011 e in piena campagna elettorale l'unico candidato sindaco presente alle commemorazioni del 25 aprile fu proprio quello del Carroccio. Posizioni dissenzienti di questo tipo non hanno più trovato spazio nella Lega di Salvini. Per chiarire ogni equivoco, nel 2018 in occasione delle celebrazioni della Resistenza il leader leghista si esprimeva su Twitter paragonando i profughi odierni agli occupanti nazisti e indicava l'importanza di liberare l'Italia da chi la avvilirebbe, la impoverirebbe, svendendola all'Europa:

> Riprendiamoci il nostro Paese, la nostra Libertà, il nostro Futuro. I morti non hanno colore. #primagliitaliani

La posizione ideologica della Lega si è quindi spostata rispetto ai programmi e ai proclami, anche in ragione della maggiore importanza che ha assunto il tema immigrazione negli anni della crisi e, quindi, dell'evidente redditività di una linea più intransigente. I sondaggi sulla popolazione italiana effettuati nell'ultimo decennio hanno fotografato in modo inequivocabile sia la crescita generalizzata di atteggiamenti di chiusura verso gli immigrati (ad esempio, in termini di opportunità lavorative o di possibilità di voto da concedere) sia la maggiore accentuazione di questo tratto tra gli elettori leghisti[1]. Che cosa significhi concretamente rispetto al modo di affrontare i temi politici verrà discusso più avanti nel capitolo.

A fronte di questi riassestamenti nelle posizioni del partito e dell'opinione pubblica qual è il profilo politico-ideologico dell'elettore leghista? Come è cambiato nel corso del tempo? E, ancora, quali effetti ha prodotto l'allargamento della base di consensi avvenuto nel 2018? Per tutti gli anni Novanta del secolo scorso chi votava Lega si collocava vicino alla posizione media dell'elettorato. Questa caratteristica si poteva interpretare come diretta conseguenza della progressiva sostituzione del voto democristiano con il voto leghista, in modo particolare nelle regioni del Nord-Est [Passarelli e Tuorto 2012b; 2012c] in una sorta di *estremismo di centro* [Ignazi 2003] rapidamente superato e dimenticato. Lo spostamento a destra si è manifestato a partire dal 2001 e ha coinciso con il ritorno del partito all'interno della coalizione guidata da Berlusconi. Nella scala di posizioni che va da 0 (massima sinistra) a 10 (massima destra) la Lega registrava il punteggio di 6,8 nel 2001 per arrivare a quello di 7,8 nel 2013, fino a raggiungere 8,2 nel 2018. Lo spostamento è stato più o meno continuo: di una mezza posizione a destra in cinque anni e di una posizione in dieci anni. Analogamente è cresciuto il distacco dall'elettore medio, che pure si è spostato a destra: se nel 1996 si registrava un quasi allineamento, nel 2018 la differenza è di quasi quattro posizioni. Rispetto a quelli della LN gli elettori delle altre formazioni di centro-destra hanno una collocazione simile, in ragione soprattutto del dato estremo di chi vota Fratelli d'Italia, ma con la differenza che in passato erano già posizionati a destra mentre la Lega è l'unico partito della coalizione il cui elettorato ha registrato un avvicinamento significativo verso questa polarità ideologica nel corso degli anni (fig. 4.1).

Il voto del 2018 ha prodotto una forte polarizzazione dell'elettorato, con uno spostamento sugli estremi di entrambe le coalizioni (a eccezione del M5s che ha continuato a occupare una posizione

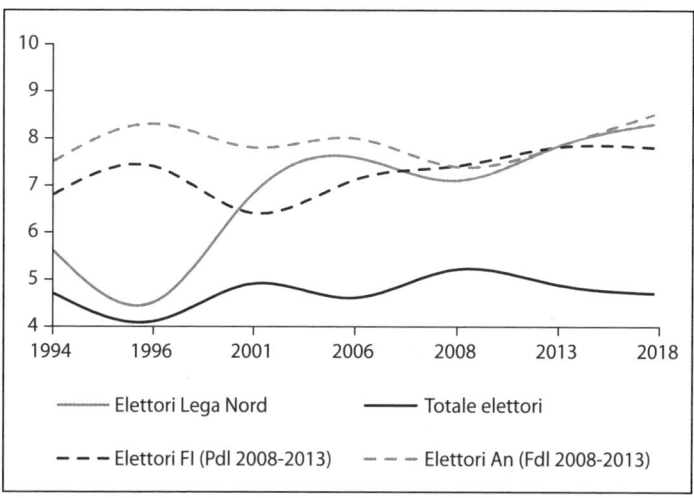

FIG. 4.1. Collocazione sull'asse sinistra-destra degli elettori della Lega, degli altri partiti del centro-destra e di tutto l'elettorato (elezioni politiche 1994-2018, range 0-10).

fonte: Elaborazione degli autori da Itanes.

peculiare al centro pur non essendo un partito centrista). Per effetto di questo processo la Lega risultava separata dal Pd di cinque posizioni, dal M5s di quattro. Nelle posizioni di sinistra della scala ricade appena il 4% degli elettori della Lega, mentre in quelle di destra ben l'85%. Chi ha votato il partito di Salvini si concentra, quindi, massimamente in pochi punti estremi dello spazio politico-ideologico. A conferma di questa forte omogeneità ideologica va riportato anche un altro dato: la coerenza tra autocollocazione e collocazione del partito. L'elettorato leghista si posiziona nello stesso punto sull'asse (o in punti molto vicini) rispetto a dove colloca il partito, ossia a destra, mentre il resto dell'elettorato vede la Lega ancora più all'estremo di come la vedono i suoi elettori. Un ultimo aspetto da richiamare è che la dimensione sinistra-destra risulta ancora largamente accettata come schema di riferimento che aiuta a orientarsi, e gli elettori della Lega non fanno eccezione: solo il 16% di essi rifiuta di dichiarare la propria posizione sull'asse, in percentuale maggiore

TAB. 4.2. ELETTORI DEI PRINCIPALI PARTITI CHE SI COLLOCANO A SINISTRA, AL CENTRO E A DESTRA E VALORE MEDIO DELL'AUTOCOLLOCAZIONE (2018, %)

	LEGA	FORZA ITALIA + FRATELLI D'ITALIA	MOVIMENTO 5 STELLE	PARTITO DEMOCRATICO	TOTALE ELETTORATO
Sinistra	3,7	1,1	47,7	72,4	44,5
Centro	11,5	17,8	26,6	23,1	22,0
Destra	84,8	81,0	25,7	4,5	33,5
Totale	100	100	100	100	100
Non collocati	15,9	7,0	39,1	7,4	24,2
Valore medio autocollocazione (0-10)	8,2	8,0	4,2	2,7	4,7
Deviazione standard	2,04	1,77	3,00	1,91	3,28
N	217	174	436	312	1.497

nota: Sinistra: posizioni da 0 a 3; centro: posizioni da 4 a 6; destra: posizioni da 7 a 10.
fonte: Elaborazione degli autori da Itanes, Indagine postelettorale 2018 Cawi (dati non pesati).

rispetto agli elettori del Pd ma molto meno dell'elettorato del M5s (ben il 40% non si colloca) (tab. 4.2).

4. Il populismo leghista

Il populismo è una questione aperta per la democrazia, tra l'altro non solo criticata ma messa in discussione da vari autori, tra cui Jason Brennan e il saggista David van Reybrouck. Il disconoscimento della democrazia rappresentativa e delle sue regole, la divisione semplificatoria e moralista del mondo in buoni e cattivi, corrotti e traditi, élite e popolo, il richiamo al leader salvifico e alla volontà generale come soluzione dei problemi sono solo alcuni dei tratti dell'atteggiamento populista ampiamente evidenziati in letteratura [Canovan 1981; Mudde 2004; Mény e Surel 2002; Müller 2016]. La questione che poniamo non è tanto se la Lega sia o meno populista, ma quanta importanza assuma questa dimensione nella proposta politica del partito e che rispondenza trovi tra l'elettorato. Sulla presenza di tratti populisti nella Lega concordano da tempo diversi studiosi che hanno messo in risalto la combinazione originale di istanze di cui il partito si è fatto portatore rispetto a formazioni analoghe. Nel primo periodo della sua storia politica e sino alla fine degli anni Novanta si parlava, con riferimento alla Lega, soprattutto di «movimento di protesta, in parte populista» [Pasquino 1991; 1992, 30] e si sottolineava l'assenza di una caratteristica peculiare che giustificasse la piena collocazione nel filone populista. In realtà erano chiaramente presenti i temi del «noi» contro «loro», del tradimento delle élite, del distacco dalla democrazia rappresentativa. I dubbi derivavano, piuttosto, dal fatto che la Lega non fosse ancora inquadrabile come partito di estrema destra [Cento Bull e Gilbert 2001; Ignazi 2003]. Ulteriore connotazione problematica era la vocazione regionalista, il forte richiamo a un'istanza altra rispetto a quella nazionalista espressa dalle formazioni populiste. Questi dubbi interpretativi sono progressivamente caduti quando, a metà del primo decennio del Duemila, la Lega ha radicalizzato la sua proposta politica rinsaldando i contatti con i partiti più rappresentativi della «nuova» estrema destra, in un quadro nuovo in cui i riferimenti al populismo riguardavano quasi esclusivamente formazioni con quella specifica collocazione sull'asse ideologico.

Per la natura particolare del partito le riflessioni sul populismo presunto o reale della Lega si intrecciano al dibattito sui partiti di protesta [Passarelli 2015]. La protesta espressa da una formazione politica assume forme diverse. Può rivolgersi contro il governo in carica e/o contro le istituzioni democratiche e rimandare a un'altra distinzione anch'essa connessa al tema populista, basata sulle categorie di «sistema» e «antisistema». In passato la Lega ha introdotto elementi di protesta e di rottura all'interno del quadro politico italiano, ma l'intenso e prolungato coinvolgimento in esperienze di governo sia a livello locale sia nazionale indurrebbe a considerarla piuttosto un partito di sistema se non altro perché ne rappresenta una delle espressioni più longeve. L'ambiguità sta nel fatto che quelle stesse qualità che dovrebbero certificarne l'affidabilità – l'esperienza di governo – costituiscono paradossalmente un ostacolo in quanto sanciscono l'appartenenza al modello o sistema che vorrebbe cambiare.

In relazione a questa contraddizione si può leggere il tentativo più recente del leghismo di accreditarsi come manifestazione del «nuovo», nonostante la storia politica indichi evidentemente il contrario. È riprendendo alcune categorie e proclami del suo passato prossimo (ad esempio, il tema della moralità nella politica) che la Lega prova a legittimarsi nel confronto con altre formazioni che ambiscono a occupare e monopolizzare questo spazio. Azioni quali ridurre le spese del partito (a fronte, in verità, di difficoltà economiche reali di far quadrare i bilanci) vanno evidentemente in questa direzione e hanno funzionato anche come argomento accessorio, oltre a quello dell'immigrazione, nella campagna elettorale del 2018. Come si mostrerà specificamente nel capitolo 5, Salvini ha riacceso il sentimento populista presente tra gli elettori italiani e che riemerge con andamento carsico. Ha provato poi a distinguersi dal Movimento 5 stelle enfatizzando l'identità nazionale per rimarcare la propria collocazione a destra.

Questa riflessione ricorda che negli ultimi anni il concetto stesso di «populismo», unitamente all'attribuzione di questa categoria alle diverse formazioni politiche, si è notevolmente ampliato abbracciando non solo l'area della destra radicale oggi più forte che in passato (e saldata dalla comune critica all'immigrazione), ma anche quella dei partiti antiestablishment di sinistra e quelli che non esibiscono una chiara connotazione ideologica. Se i partiti populisti di destra si connotano per un elemento forte di nazionalismo, nativismo e orientamenti autoritari del proprio elettorato, queste caratteristiche non sono necessariamente presenti tra le altre espressioni politiche del populismo [Kriesi e Pappas 2016; Tarchi 2015; Zanatta 2013][2]. I tratti che accomunano categorie di partiti altrimenti disparate rimandano a una generica critica al sistema politico, alle sue istituzioni rappresentative e ai suoi attori, ma si proiettano anche su altre linee di conflitto. Il dibattito sul populismo finisce per connettersi con i temi dell'attualità, come gli esiti del referendum britannico sulla Brexit e, più in generale, con la questione dell'antieuropeismo. Si tratta, in tutti i casi, non di protesta politica tradizionale ma di espressioni di malessere e disaffezione verso le democrazie liberali contemporanee.

Alla luce di questo dibattito, possiamo osservare che nel 2018 atteggiamenti politici di tipo populista risultavano ampiamente presenti anche all'interno del mondo leghista. La quota di elettori del partito con un punteggio elevato rispetto a questa dimensione superava il 40%, contro poco più del 30% per gli elettori delle altre formazioni di centro-destra e una percentuale assai più bassa per gli elettori Pd, tra i quali il sentimento fortemente populista si riscontrava solo in un caso su dieci (tab. 4.2). Gli item di populismo sui quali l'elettorato leghista si distingue maggiormente dagli altri elettori riguardano le affermazioni sul comportamento dei politici: «I politici in parlamento devono seguire la volontà dei cittadini» (72% contro 58%), «I cittadini e non i politici dovrebbero prendere decisioni importanti» (37% contro 28%), «I politici parlano tanto ma fanno poco» (69% contro 59%). Tra gli altri item, hanno attecchito relativamente meno sia la retorica dell'uomo comune contro i politici («Le differenze sono maggiori tra politici e popolo che all'interno del popolo», «Preferirei essere rappresentato da una persona comune piuttosto che da un politico di professione»), sia la critica ai media ostili e alle banche. All'interno del mondo leghista l'onda populista sembra quindi manifestarsi più come richiesta e sollecitazione ai politici di ritrovare il proprio ruolo e svolgere i compiti per cui sono stati eletti, e meno come contestazione dei ruoli stessi o come segnalazione di complottismo o cospirazione [Mancosu, Vassallo e Vezzoni 2017]. A manifestarsi sono anche atteggiamenti specificamente antipartitici, come viene rilevato da un'altra batteria di domande che confermano la presenza di un'ampia componente di elettorato critico. Si esprimono in termini più negativi (livello massimo di antipartitismo) ben la metà degli elettori della Lega ma solo il 30% di quelli del centro-destra (tab. 4.3).

Il tema populismo può essere inquadrato, infine, in senso più ampio andando ad analizzare gli indicatori classici di sfiducia politica. Tendenzialmente, gli elettori della Lega mostrano maggiore distanza critica dai partiti e dal parlamento rispetto a coloro i quali hanno votato Pdl e, per estensione, al resto dell'elettorato. Negli anni il popolo della LN ha accentuato il grado di disistima verso le istituzioni politiche[3]. Al contempo ha mostrato un certo livello di consapevolezza del proprio ruolo e della propria capacità di incidere sul processo decisionale; elemento, questo, sostenuto dalla progressiva crescita della quota di interessati alla politica. Come effetto di tali dinamiche si è progressivamente ridotta quella connotazione di generica apatia e perifericità del popolo leghista pur presente all'inizio della storia del partito a vantaggio di una

TAB. 4.3. **ATTEGGIAMENTI DI MALESSERE POLITICO DEGLI ELETTORI DELLA LEGA E CONFRONTO CON ALTRI ELETTORI DI CENTRO-DESTRA (2013-2018)**

	LEGA	ALTRI PARTITI DI CENTRO-DESTRA	TOTALE ELETTORATO
Populismo			
% livello alto	41,8	33,7	32,7
Punteggio medio (scala 0-10)	7,7	7,4	7,3
Antipartitismo			
% livello alto	50,3	33,3	31,9
Punteggio medio (scala 0-10)	6,3	5,6	5,2
Sfiducia politica			
% livello alto	37,0	25,1	28,9
Punteggio medio (scala 0-10)	7,1	6,7	6,7
N	273	199	1.850

nota: Le percentuali che esprimono un livello alto sul tratto politico considerato corrispondono al terzo terzile. Indice populismo: si fa riferimento alla batteria di indicatori utilizzata da Akkerman, Mudde e Zaslove [2013]. Indice antipartitismo: batteria di 5 item sull'immagine dei partiti nella democrazia. Indice sfiducia politica: combina le risposte sul grado di fiducia/sfiducia verso i partiti e verso il parlamento. Per approfondimenti si rimanda al sito www.itanes.org.

fonte: Itanes, Indagine postelettorale 2018 (per l'antipartitismo: Itanes-Swg, panel 2013-2015).

più accorta posizione critica verso le istituzioni politiche, negativa ma al contempo consapevole.

5. Lontani da Bruxelles. L'altra Europa della Lega

Qualcuno vuole che nasca l'ennesimo governo servo di Bruxelles, io voglio guidare un governo che cominci a dire no alle eurofollie e metta al primo posto l'interesse dell'Italia. (frase attribuita a Matteo Salvini, «la Repubblica», 3 maggio 2018)

Una dichiarazione non corroborata da fatti, non contestata da nessuna testata giornalistica, ma lasciata al commento reciproco, senza verifica empirica. Un segno dei tempi, un altro tassello della retorica del «buonsenso» ma senza dati della campagna elettorale leghista. Le posizioni sull'Europa rappresentano senza dubbio una delle manifestazioni più emblematiche del modo in cui la Lega interpreta il suo ruolo politico attuale. L'antieuropeismo leghista assume un insieme di accezioni e significati diversi, la cui portata può essere colta appieno solo ricostruendo il percorso che il partito ha compiuto nel corso degli anni e che lo ha portato a supportare forme di identificazione e di rivendicazione territoriale diverse rispetto al passato. Come ampiamente accennato, il primo cambiamento riguarda l'assunzione di una posizione sovranista e nazionalista al posto della bandiera federalista-secessionista che pure aveva alimentato tanti successi del partito.

Il costituirsi di una priorità diversa rispetto alle istanze legate al territorio (ma non il declino dell'istanza territoriale in sé) dipende da un insieme di fattori. Se la LN è passata dallo slogan «Prima il Nord» a quello «Prima gli italiani» è innanzitutto per la maggiore visibilità e importanza date al tema immigrazione nella retorica del partito e, quindi, all'interesse nazionale (di difendersi dall'immigrazione) su quello europeo. Ma anche in questo caso non siamo di fronte a una vera e propria novità politica. In passato la Lega agitava l'argomento immigrazione e le paure a esso correlate pur non rinunciando a proporre un progetto pensato e applicato al Nord. Gli elementi nuovi sono altri e hanno a che fare con diversi ordini di argomenti in larga parte connessi tra loro: l'aumento generalizzato di sfiducia nei confronti dell'Europa, la maggiore visibilità dei partiti di destra nazionalisti e il successo di posizioni antiestablishment attraverso le nuove forze politiche che le rappresentano.

L'orientamento della Lega verso l'Europa non è stato sempre polemico. Durante le fasi in cui ha governato il Paese insieme a Forza Italia e Berlusconi prevaleva una linea più pragmatica. Sul versante esterno l'Unione Europea rappresentava il nemico verso cui rivolgere attacchi politici in difesa dell'identità del Nord e dell'indipendenza dei suoi «popoli». Nel contesto nazionale, invece, il partito seguiva le deliberazioni della coalizione di cui faceva parte senza troppo opporvisi nella sostanza. Alcuni esempi sono paradigmatici di questa attitudine rivoltosa e accondiscendente allo stesso tempo. Il primo caso riguarda l'approvazione della Costituzione dell'Unione Europea. Nel Consiglio dei ministri che doveva ratificarla, tre ministri della Lega Nord (Maroni, Castelli e Calderoli) votarono «No», preannunciando che il partito avrebbe confermato il dissenso alle camere per una questione «di metodo (*sic!*) e non di sostanza». Tale carta fu ratificata dal parlamento italiano tra gennaio e aprile 2005 con voto quasi unanime (28 contrari alla Camera e 16 al Senato). Il secondo caso è relativo all'approvazione del Trattato di Lisbona, che Bossi impose al partito di ratificare nonostante alcune recalcitranti posizioni quali quella di Calderoli. E infatti 51 dei 60 deputati leghisti (gli altri erano «assenti» o in «missione») votarono «Sì» alla ratifica del trattato.

> Noi siamo uniti, dove vado io vanno tutti. Quello che io dico di votare, votano e se dico di votare sì, tutti votano sì. (Umberto Bossi, «Corriere della Sera», 19 giugno 2008)

Durante i governi guidati dalla coalizione di centro-destra con Berlusconi come presidente del Consiglio dei ministri la Lega aveva la possibilità di giocare la carta dell'intransigenza di principi contro l'Unione Europea, salvo poi evocare spirito di servizio e lealtà alla squadra di governo per votare in linea con quanto deciso. Il pragmatismo si coniugava dunque con l'impostazione di un partito di lotta *nel* governo, che però era funzionale a mantenere alto il livello di contestazione esterno al fine di rassicurare gli elettori e, contemporaneamente, negoziare con gli alleati posizioni giustificate dalla «ragion di Stato». Il sodalizio di governo con un partito, Forza Italia, critico con alcune politiche ma sostanzialmente allineato alle posizioni del Partito popolare europeo, consentiva una perfetta combinazione tra richieste di revisione dei trattati (Lega) e modifiche contenute (Forza Italia), congeniale a entrambe le leadership.

L'assenza di un vero e proprio tratto critico ha avuto in passato anche altre ragioni, riconducibili alla persistente rilevanza del tema federalista. La Lega era infatti favorevole a un'«Europa delle regioni», attraverso cui potesse realizzarsi il sogno di un'uscita dallo Stato nazionale» [Conti e Verzichelli 2005]. È solo negli anni che hanno visto l'ingresso nel gruppo dei Paesi euro, di fronte al mancato riconoscimento della possibilità di uno Stato indipendente padano, che la Lega ha cominciato a opporsi all'Europa in nome di un progetto diverso ma tuttavia ancora in costituzione. La transizione dal federalismo al nazionalismo era infatti rallentata anche dall'assenza, nelle rivendicazioni leghiste, di un elemento etnico-razziale o religioso alla base del mito nazionale [De Winter e Türsan 1998; Tronconi 2009; Cento Bull e Gilbert 2001]. In questo senso, il riposizionamento a destra nello scenario europeo si può spiegare con la necessità di intercettare una famiglia politica in grado di garantire nuove basi ideologiche fondative altrimenti mancanti o, meglio, contraddittorie rispetto al passato. Gli anni della crisi hanno costituito infine un banco di prova importante. È in questo periodo che si è rafforzato l'antieuropeismo, inteso appunto come una sorta di «populismo» insorgente contro la burocrazia di Bruxelles, le politiche nazionali antisviluppo e il commissariamento delle istanze nazionali [Brunazzo e Gilbert 2017].

Il passaggio da un orientamento pro federalismo a uno sovranista ha avuto come esito il raffreddamento delle posizioni di sostegno storicamente avanzate verso quelle istanze che avevano trovato ascolto nella Lega bossiana e delle origini. Ci riferiamo, ad esempio, alle battaglie autonomiste catalana, irlandese, scozzese. Dal richiamo al federalismo regionalista ed europeista di Carlo Cattaneo il partito è passato a un supporto indifferenziato per partiti nazionalisti e istanze nazionaliste, all'interno di una cornice in cui domina un'immagine fortemente negativa dell'Europa. È utile rammentare il sostegno di Salvini sia a Donald Trump sia a Vladimir Putin, entrambi alacremente impegnati contro il disegno istituzionale dell'Unione Europea. La forte ostilità verso l'Europa e verso l'euro ha posto al centro degli interessi politici del partito la contrapposizione locale-globale, che pure era presente in passato ma che è ora attualizzata nei termini di intere nazioni (non più singoli territori dentro le nazioni) che cercano di staccarsi dalle pretese sovranazionali di controllo. Il focus territoriale si è spostato quindi da un livello subnazionale a uno sovranazionale, e le rivendicazioni dalle istanze di un partito regionalistico mobilitato contro lo Stato-nazione a quelle di un partito nazional-popolare mobilitato contro l'Europa e le sue politiche.

L'assunzione di posizioni sovraniste ha portato la Lega di Salvini a coronare rapporti politici precedentemente avviati con formazioni come il Front National di Marine Le Pen, il belga Vlaams Belang, l'Fpö austriaco, aderendo dal 2017 all'Europa delle nazioni e della libertà, gruppo politico nato in seno al Parlamento europeo. Altri rapporti sono stati stabiliti con nuovi attori politici riconducibili al blocco di Paesi del cosiddetto «Gruppo di Visegrád» (Polonia, Repubblica Ceca, Slovacchia e Ungheria). In questo senso la Lega intercetta una tendenza in atto da tempo, tra i partiti dell'estrema destra, di puntare alla critica contro la «minaccia europea» come dimensione chiave per costruire il loro successo politico [Caiani 2014]. Il riferimento a questi scenari di alleanze o comunanza di posizioni fa dell'antieuropeismo leghista, di destra e nazionalista, un tratto che amplifica la componente pur presente di populismo. L'enfasi sul tema dei politici corrotti, che il partito agita anche per fronteggiare la concorrenza del M5s, si applica infatti più alle élite transnazionali che alla classe politica italiana, in quanto l'assunzione di posizioni sovraniste deriva soprattutto dall'esigenza di riposizionamento del partito su scala europea.

L'euroscetticismo è una dimensione centrale del discorso leghista e gli elettori della Lega sono infatti quelli nettamente più ostili all'Europa e alle sue istituzioni (tab. 4.4). Oltre un terzo di essi (36%) ritiene che l'integrazione europea sia un male per il Paese (totale elettorato: 21%) e solo il 19% che sia un bene. Su questo tema la differenza risulta ampia sia rispetto agli altri elettori di centro-destra (per i quali l'integrazione è stata un male nel 26% dei casi; un bene per il 37%), sia rispetto all'elettorato nel suo complesso (l'80% dà una valutazione non negativa). Lo scetticismo dei leghisti si estende alle valutazioni sull'euro, la cui introduzione viene giudicata positivamente solo dal 19% mentre ben il 55% dà un giudizio negativo, distaccandosi anche in questo caso assai nettamente da tutti gli altri elettori (inclusi quelli del M5s). Tali posizioni si sono progressivamente radicate negli anni, incrociando una tendenza più generale di disaffezione. Infatti, dal 2000 la quota di italiani che si identificano con l'Europa e che supportano l'Unione Europea è crollata passando da livelli piuttosto elevati (oltre il 60%) a livelli tra i più bassi su scala continentale (appena sopra il 30%) [Serricchio 2018a; 2018b].

TAB. 4.4. OPINIONI SULL'EUROPA E SULL'EURO DEGLI ELETTORI DELLA LEGA E CONFRONTO CON ALTRI ELETTORI DI CENTRO-DESTRA (2018, %)

	LEGA	ALTRI PARTITI DI CENTRO-DESTRA	TOTALE ELETTORATO
L'appartenenza dell'Italia all'Unione Europea è			
un bene	19,0	36,7	45,6
un male	36,3	26,1	21,4
né bene né male	40,3	35,2	29,1
non so	4,4	2,0	3,9
Totale	100	100	100
Avere l'euro è			
un bene	19,0	33,4	41,0
un male	55,4	43,9	33,6
né bene né male	22,3	20,2	21,6
non so	3,3	2,5	3,8
Totale	100	100	100
N	273	199	1.850

fonte: Itanes, Indagine postelettorale 2018 Cawi (dati non pesati).

La critica all'Europa ha avuto come effetto che gli elettori della Lega, più che quelli degli altri partiti, tendono a declinare la loro appartenenza territoriale quasi completamente su una scala nazionale e assai poco su una dimensione sovranazionale. Mentre per oltre la metà degli elettori del Partito democratico la percezione prevalente è quella di essere «sia italiani che europei» (il 55%) e quelli di Forza Italia si sentono «più italiani che europei» (36%), nella maggior parte dei casi gli elettori leghisti si percepiscono «solo italiani» (35%) e una quota assai ridotta (11%) «sia italiani che europei». Altro tratto peculiare di chi ha votato Lega è l'elevato numero di risposte (22%) di elettori che non si riconoscono in termini di identità nazionale. Si tratta, probabilmente, di quello zoccolo di elettorato del partito che fa ancora riferimento a identificazioni territoriali subnazionali o regionali. Questa componente ha perso però rilevanza, se si pensa che un decennio prima a una domanda sull'entità territoriale primaria percepita come più vicina oltre il 60% rispondeva il comune o la regione e meno del 30% l'Italia (Itanes 2014). Storicamente l'elettore leghista si riteneva fortemente ancorato al territorio d'origine. Nel corso del tempo è subentrato un senso d'appartenenza diverso, centrato sulla dimensione nazionale e, per contrapposizione, fortemente critico nei confronti dell'Europa [Verbeek, Zaslove e Rooduijn 2018]. Non stupisce quindi che, tra le motivazioni alla base degli orientamenti ostili verso l'Europa, la paura della perdita di identità italiana in conseguenza dell'adesione all'Unione (una paura assoluta, quindi, di declino culturale) sia uno dei temi più presenti ed enunciati, assieme al timore di vedere i propri interessi o quelli del Paese scarsamente considerati dalle istituzioni sovranazionali.

6. Non solo liberismo. Le posizioni sui temi economici e sulle politiche

L'impatto del fattore economia sul voto assume diversi significati e può essere valutato in diversi modi: guardando al legame che esiste, all'interno dei territori, tra risultati elettorali dei partiti e variabili o prestazioni economiche (Pil, disoccupazione, sistemi produttivi), andando a considerare la relazione a livello individuale tra voto e condizioni oggettive (ad esempio, status occupazionale, perdita del lavoro) o le percezioni rispetto alla propria condizione e a quella del Paese. C'è poi un insieme di questioni che attengono alle posizioni sui temi del dibattito pubblico. La macrodimensione economica è una delle cornici generali più importanti che consentono agli elettori di posizionarsi e posizionare i partiti, valutarne le capacità e l'orientamento rispetto, ad esempio, alla contrapposizione classica pubblico-privato, alle tasse, all'approccio verso la spesa pubblica e il welfare.

Negli ultimi anni il tema «economia» è stato decisivo, *in primis* per l'insorgere della crisi che ha colpito duramente anche l'Italia. Il peggioramento delle condizioni lavorative e di reddito per una parte della popolazione ha prodotto un allargamento delle disuguaglianze economiche e territoriali aumentando la percezione di insicurezza e la frustrazione dei cittadini che non si sentono più protetti dalla politica a causa dei processi incontrollabili dell'economia e della globalizzazione [Crouch 2004]. La letteratura sull'*economic voting* [Lewis-Beck e Stegmaier 2007; Itanes 2013] ha mostrato chiaramente come, in presenza di condizioni avverse o in condizioni individuali difficili, gli elettori possano mobilitarsi per rivendicare maggiore attenzione, modificando le loro preferenze e votando contro il governo in carica [Schlozman e Verba 1979; Arceneaux 2003]. Ma è ipotizzabile anche un esito diverso laddove la congiuntura sfavorevole porti a svalutare le capacità di azione politica dei singoli e l'efficacia stessa della loro azione, così come la risposta che gli elettori si aspettano di ricevere dalle istituzioni in una fase in cui l'attore di riferimento – i governi nazionali – mostra di assumere un controllo minore del passato sulle politiche e sulla tutela degli interessi rispetto alle istituzioni sovranazionali percepite come lontane dai cittadini [Brody e Sniderman 1977; Rosenstone 1982; Tillman 2008].

Per ricostruire in modo più appropriato le dinamiche contemporanee della partecipazione e del voto è necessario prendere in considerazione, inoltre, il peso giocato dalla crescente spinta antiestablishment. Da un lato, il clima sfavorevole verso la politica e i politici riflette il livello di forte delegittimazione della scelta a recarsi alle urne (in Italia nell'arco di vent'anni la partecipazione elettorale è calata di 10 punti percentuali). Dall'altro, è emerso uno spazio di offerta partitica capace di alimentarsi dello stesso processo di delegittimazione e di favorire un ritorno al voto di quegli elettori che si percepiscono penalizzati dalla crisi ma con caratteristiche personali tali da garantire loro ancora una qualche connessione con la politica.

Focalizzando l'attenzione sulla Lega, che ha vissuto un andamento prima calante e poi crescente dei consensi proprio nel periodo della recessione, è inevitabile tentare di stabilire una connessione tra questo andamento del voto e l'evoluzione della situazione più generale del Paese. Ma l'attribuzione di un ruolo chiaro e di un determinato posizionamento del partito rispetto ai temi economici non è un'operazione semplice. Come già accennato, la Lega rappresenta prima di tutto un partito di sistema, dell'establishment. La sua lunga storia di governo nazionale e locale al Nord ne fa una naturale forza di riferimento per quella componente di elettorato soddisfatto, ideologicamente schierato, magari allarmato per il cambiamento più sul piano socioculturale che economico; elettorato che, nel suo complesso, vive gli effetti della crisi soprattutto in termini di percezioni sociali condivise e meno come vissuti personali. Una borghesia radicata nelle nicchie del lavoro autonomo, tra i ceti produttivi del Nord che cercano non tanto di ottenere nuovi vantaggi posizionali messi in discussione dalla recessione ma che vivono in modo preoccupato quello che potrebbe derivarne, non già quello che la crisi ha prodotto concretamente. Riprendendo Gino Germani [1975], la borghesia si è mobilitata per paura di perdere il proprio status sociale ed economico, il potere d'acquisto interno, sfidata dalla globalizzazione e da un ruolo diverso all'interno di un sistema economico e sociale altro dal «piccolo mondo antico» che per decenni ne ha garantito i privilegi, e il cui prosperare sente in bilico per l'apertura della società. Non sorprende che in questo mondo che vota in larga parte per la Lega sia determinante la questione migratoria, declinata alternativamente come sintomo di una crisi che non finisce e come espressione di conflitti tra civiltà e visioni del mondo.

Come abbiamo accennato in precedenza, esiste però anche un'altra lettura che ha provato a smontare questa immagine della LN referente politico dell'imprenditoria diffusa, magari anche della borghesia. È l'idea suggestiva del leghismo come progetto interclassista, in grado di fagocitare componenti della classe operaia e del lavoro dipendente [Feltrin 2010; Pisati 2010; Passarelli e Tuorto 2012b; 2012c]. Indubbiamente, il progressivo manifestarsi della crisi ha posto con maggiore forza la questione della rappresentanza dei ceti popolari, di quell'area vasta di popolazione che ha subito un processo di scivolamento verso il basso della propria condizione socioeconomica. E non sorprende che questo mondo, quantomeno al Nord, possa riconoscere nella Lega un attore su cui proiettare le proprie istanze di cambiamento, anche in virtù delle capacità mostrate dal partito di fornire una visione omogenea e semplificata della crisi e delle responsabilità (la colpa all'Europa, agli immigrati).

La lettura dei dati non aiuta a sciogliere questo dubbio né a ricostruire un quadro completo e coerente. Riprendendo le considerazioni sviluppate nel paragrafo 1, la Lega non è, evidentemente, solo il partito dei benestanti. L'elevata presenza di imprenditoria, di lavoro autonomo è infatti bilanciata dall'afflusso di lavoratori dipendenti. Si può osservare, inoltre, come questi tratti derivino, in gran parte, dai nuovi elettori del partito, ossia dall'ampia base di consensi che si è andata a sommare ai leghisti fedeli contribuendo a rimescolare i profili complessivi dell'elettorato del Carroccio [Passarelli e Tuorto 2018c].

La Lega non è, però, neppure un partito che intercetta il disagio socioeconomico, in quanto registra una presenza minima di disoccupati o precari, anche per effetto del fatto di avere un elettorato con età media piuttosto elevata. La complessità delle dimensioni in questione impone quindi di cercare quelle informazioni aggiuntive che vadano oltre il semplice dato sulla professione. Ad esempio, sappiamo che oltre la metà dell'elettorato leghista ha segnalato difficoltà ad «arrivare a fine mese» e circa la metà di avere avuto paura di perdere il lavoro. In entrambi i casi, i valori sono leggermente superiori rispetto a quelli registrati tra gli altri elettori, anche di centro-destra. Allo stesso modo le percezioni sullo stato dell'economia nazionale sono più negative tra chi ha votato Lega. Per il 50% la situazione è peggiorata rispetto all'anno precedente e il 35% vede un peggioramento per il futuro (tab. 4.5). Si tratta, ancora una volta, di valutazioni pessimiste che trovano un analogo riscontro solo tra gli elettori del M5s. Questi risultati stanno a ricordare che il mero dato oggettivo (la condizione professionale) non è sufficiente a cogliere un processo e che le valutazioni soggettive possono anche essere incongruenti rispetto alla condizione oggettiva. Ma è opportuno aggiungere un altro elemento di riflessione. Mentre la composizione socioeconomica degli elettori che votano Lega non varia in modo significativo in base alla zona di residenza, cambiano invece le percezioni. La paura di perdere il lavoro è maggiormente segnalata dai leghisti del Nord rispetto a quelli del Sud e sempre al Nord si riscontrano le valutazioni più negative circa la situazione economica passata e futura. Emergerebbe, dunque, un certo effetto dei contesti territoriali di riferimento nel plasmare non tanto le condizioni quanto le percezioni degli elettori.

Un altro campo di informazioni particolarmente utili riguarda le posizioni dell'elettorato su questioni quali la scelta a favore

TAB. 4.5. PERCEZIONI RISPETTO ALLA PROPRIA CONDIZIONE ECONOMICA E A QUELLA DEL PAESE DEGLI ELETTORI DELLA LEGA E CONFRONTO CON ALTRI ELETTORI DI CENTRO-DESTRA (2018, %)

	LEGA	ALTRI PARTITI DI CENTRO-DESTRA	TOTALE ELETTORATO
Difficoltà di reddito (qualche difficoltà/non arriva a fine mese)	57,1	55,8	53,2
Paura di perdere il lavoro (molta + un po')	51,8	51,9	52,2
Situazione economica del Paese: peggiorata	49,8	43,9	39,4
Situazione economica del Paese: peggiorerà	34,8	31,2	30,1
N	273	199	1.850

fonte: Elaborazione degli autori da Itanes, Indagine postelettorale 2018 Cawi (dati non pesati).

dell'intervento pubblico o privato, la riduzione delle tasse o come combattere la disoccupazione e le disuguaglianze. Si tratta di argomenti assolutamente centrali nel dibattito pubblico così come nella campagna elettorale e anche nella lunga coda di discussioni successive al voto di marzo 2018. Basti citare la proposta di adozione della *flat tax*, sostenuta con enfasi dal centro-destra unito come misura fiscale di stimolo per l'economia italiana e difesa strenuamente dalla Lega al tavolo delle trattative con il M5s al momento di proporre la formazione del governo. Posizioni filoliberiste pur espresse con veemenza dal partito si misurano in realtà con scenari internazionali che vedono un ritorno di posizioni neostataliste e dirigiste, anche all'interno di una parte del mondo politico della destra radicale a cui Salvini guarda con ammirazione. È quel modello liberal-autoritario, incarnato tra gli altri dalla cosiddetta *Orbanomics* in Ungheria, in cui si coniugano con azzardo *animal spirits* dell'economia capitalista, poteri forti delle istituzioni, nazionalizzazione delle grandi aziende di servizi, sciovinismo e disinteresse verso gli accordi europei.

Se ci si sofferma sulle posizioni espresse dagli elettori, questa complessa articolazione viene solo in parte catturata. Come lo è stato in passato, chi ha votato Lega resta a favore di una dimensione classicamente privatistica. Oltre la metà di essi approverebbe una diminuzione delle tasse anche a costo della riduzione dei servizi, al pari delle altre formazioni del centro-destra e in misura molto superiore rispetto al resto dell'elettorato. Questa

TAB. 4.6. POSIZIONE SUI TEMI RELATIVI ALL'ECONOMIA DEGLI ELETTORI DELLA LEGA E CONFRONTO CON ALTRI ELETTORI DI CENTRO-DESTRA (2013-2015)

	LEGA	ALTRI PARTITI DI CENTRO-DESTRA	TOTALE ELETTORATO
Il governo dovrebbe intervenire in economia			
Posizioni favorevoli (%)	54,5	57,8	69,4
Punteggio medio (0-10)	6,2	6,3	6,9
Si dovrebbero ridurre le tasse anche riducendo i servizi pubblici			
Posizioni favorevoli (%)	52,5	51,9	26,9
Punteggio medio (0-10)	6,5	6,3	5,1
N	273	199	1.850

nota: La scala sull'interventismo del governo in economia è a 10 posizioni, quella sull'alternativa tasse-servizi a 7 posizioni (3 favorevoli, 1 neutra, 3 contrarie) ed è stata normalizzata.

fonte: Itanes-Swg, panel 2013-2015.

posizione liberista non si associa però a un rifiuto dell'intervento del governo in economia, che incontra invece il consenso della maggioranza degli elettori, di tutti gli schieramenti (tab. 4.6). Nel corso del tempo l'elettorato leghista ha costantemente confermato orientamenti pro mercato. Si è espresso, come gli altri elettori del centro-destra e più di quelli di altri partiti, per misure che potessero favorire le imprese, ad esempio una maggiore libertà di licenziare [Passarelli e Tuorto 2012b, 197], e ha sostenuto l'opzione della riduzione delle tasse anche in passato, sebbene con una minore intensità (nel 2006 era per questa opzione circa il 40% contro il 52% del 2018).

Resta però una questione aperta. Per espandere il proprio consenso la Lega dovrebbe puntare a rafforzarsi dove è più debole, cioè soprattutto al Sud, area ancora marginalmente interessata dalla nuova onda leghista. Ma è proprio al Sud che fa più fatica a essere recepito il messaggio di rilancio economico attraverso una spinta mercantile e liberista, laddove è storicamente più rilevante e strutturato un modello di sostegno all'occupazione attraverso il pubblico impiego. Queste contraddizioni sono emerse già nel dibattito sul reddito di cittadinanza e sul modello di attivazione al lavoro o di assistenza da promuovere in cambio dell'aiuto monetario da parte dello Stato; dibattito che ha visto il partito di Salvini reagire tiepidamente alle proposte del M5s. Il dilemma della Lega al Sud – probabilmente anche la spiegazione delle difficoltà che incontra a insediarvisi – è il seguente: non può utilizzare le credenziali del buon governo del territorio e, allo stesso tempo, deve fare attenzione a non snaturare l'idea di «partito», piegandolo a scelte di principio, orientamenti di policy e pratiche di gestione del potere locale che non conosce o controlla e che rischiano di penalizzarla.

7. Ostili e tradizionalisti. Un elettorato culturalmente omogeneo

Per quanto il posizionamento sui temi dell'economia aiuti a inquadrare il partito e gli elettori della Lega rispetto alle grandi questioni dell'occupazione o della redistribuzione della ricchezza, la sfera culturale e dei valori gioca un ruolo altrettanto importante nella definizione delle strategie elettorali e nel rafforzamento del legame con i cittadini. L'asse che vede contrapposti orientamenti ideologici libertari e autoritari non è certo recente e ha contribuito a strutturare lo spazio politico non solo in Italia [Bellucci e Petrarca 2007; Maraffi 2007]. D'altro canto, l'avanzata dei partiti di destra radicale in Europa è stata letta anche in chiave di contrapposizione proprio sul piano culturale-valoriale [Inglehart e Norris 2017], laddove la sola spiegazione economica del voto che intercetta il disagio non aiuta a capire il perché della loro crescita anche successivamente alla fase acuta di recessione e tra componenti della popolazione non marginali economicamente.

Possiamo considerare almeno tre ordini di questioni utili a inquadrare le posizioni del partito e degli elettori della Lega all'interno di questo dibattito. La prima ha a che fare con gli orientamenti espressi in merito alla tutela (o all'estensione) dei diritti di soggetti/gruppi minoritari all'interno della società e rimanda alla dicotomia «tolleranza/intolleranza». Ci riferiamo, ad esempio, al tema della regolazione o impedimento dell'aborto, al riconoscimento o meno delle coppie/famiglie omosessuali, alle leggi che regolano il «fine vita», ma anche a questioni che richiamano la dimensione dell'autoritarismo, ossia il supporto a leggi più severe per contrastare la criminalità o a soluzioni di potere che legittimano un uomo forte al comando.

Non sempre il posizionamento su alcuni dei temi sopra elencati da parte delle forze politiche a cui guarda la Lega in Europa è compatto. Alcune formazioni tendono, infatti, a esprimere maggiore apertura sui diritti degli omosessuali, sostenuti ad esempio da Geert Wilders con il suo Party for Freedom, mentre la maggior parte delle altre formazioni (e in modo particolare il blocco dei partiti dell'Est Europa) enfatizza invece posizioni di chiusura generalizzata e forte tradizionalismo, anche religioso. Tra le due anime più o meno moderne della destra europea la Lega sembra compattamente orientata ad assecondare le posizioni di assolutismo etico e conservatorismo, anche qui compiendo un salto più o meno lungo rispetto a un passato di partito per certi versi (anche) libertario.

Questa manifestazione di chiusura coerente e assoluta sui valori trova ampia conferma empirica. Negli anni Duemila l'elettorato leghista presentava posizioni più articolate. A orientamenti autoritari (a favore dell'«uomo forte» in politica) e liberisti si agganciava un certo laicismo delle scelte nel campo dell'etica e dei diritti, con una connotazione più sfumata rispetto all'aborto anche se già chiusa rispetto all'omosessualità [Passarelli e Tuorto 2012b]. I dati più recenti mostrano invece la prevalenza di orientamenti chiari e netti su tutte le dimensioni. L'elettore leghista dell'epoca Salvini è favorevole a introdurre restrizioni sull'aborto: circa il 40% sostiene queste posizioni a fronte del 26% di favorevoli nell'intero elettorato. Esprime poi una posizione di chiusura rispetto ai matrimoni omosessuali (62% contro 34%) e al riconoscimento delle nuove unioni (64% contro 24%) (tab. 4.7). Le differenze con il resto del centro-destra restano più sfumate solo rispetto all'aborto, su cui anche i sostenitori di FI e FdI si esprimono con la stessa intensità a favore di una limitazione, mentre rispetto ai diritti per le famiglie omosessuali gli elettori leghisti sono più compatti nelle loro posizioni. Fuori dal centro-destra la distanza è massima rispetto all'elettorato del Pd, ma anche rispetto a quello del M5s che sui valori si distanzia di più che sui temi economici.

TAB. 4.7. POSIZIONE SUI TEMI RELATIVI AI DIRITTI INDIVIDUALI, ALL'AUTORITARISMO E AL TRADIZIONALISMO E CONFRONTO CON ALTRI ELETTORI DI CENTRO-DESTRA (2013-2015)

	LEGA	ALTRI PARTITI DI CENTRO-DESTRA	TOTALE ELETTORATO
C'è bisogno di un leader forte			
Posizioni favorevoli (%)	89,1	87,7	69,5
Punteggio medio (0-10)	8,3	8,4	6,8
Bisogna rendere più difficile l'aborto			
Posizioni favorevoli (%)	38,8	42,2	26,2
Punteggio medio (0-10)	4,4	5,0	3,3
Tutelare la famiglia tradizionale			
Posizioni favorevoli (%)	63,6	56,2	24,1
Punteggio medio (0-10)	6,8	6,3	4,1
Legalizzazione matrimoni omosessuali			
Posizioni contrarie (%)	62,4	53,5	34,1
Punteggio medio (0-10)	7,0	6,4	4,5
N	273	199	1.850

fonte: Elaborazione degli autori da Itanes-Swg, panel 2013-2015.

Il secondo livello di questioni, cruciale nell'orientare le scelte di voto, rimanda al tema immigrazione nelle sue diverse implicazioni di carattere economico (gli immigrati tolgono il lavoro, gli immigrati sono un danno per l'economia) o culturale (gli immigrati minacciano l'identità nazionale, europea, religiosa). L'immigrazione, anche in virtù delle vicende legate alla crisi e all'instabilità geopolitica, è diventata negli anni un argomento pubblico sempre più importante. Da tempo la Lega ha attribuito un ruolo centrale all'immigrazione nella sua propaganda politica, agitando campagne di legge e ordine nei quartieri a difesa dei cittadini perbene e della tradizione minacciata dal multiculturalismo. E soprattutto è grazie ai proclami anti-immigrati che è riuscita a generalizzare il successo elettorale agganciando l'immigrazione al tema della sicurezza, altro cavallo di battaglia del partito. L'ossessione securitaria è stata declinata come paura di flussi migratori incontrollabili e come pericolo di criminalità dilagante che si impadronisce delle città, dei luoghi di aggregazione e dei simboli dell'identità/delle tradizioni. La crescente presenza di immigrazione nel nostro Paese ha consentito al partito di porsi quale imprenditore politico in grado di maneggiare e capitalizzare, meglio di altri partiti sul piano elettorale, il fenomeno migratorio. Inoltre, lo spostamento del conflitto dal piano sociale a quello culturale ha permesso alla Lega di allargare il suo bacino elettorale abbracciando settori di popolazione diversi da quelli sensibili al solo riferimento identitario territoriale.

Vi sono diversi elementi che segnalano come nel tempo il tema immigrazione sia diventato più saliente. Sappiamo, ad esempio, che l'immigrazione è percepita da oltre un quarto dell'elettorato leghista come il problema più importante del Paese, più importante della disoccupazione o delle tasse. Nel 2008 la quota di elettori che riportavano questa stessa preoccupazione non raggiungeva il 10%, e anche nelle elezioni precedenti, quando l'enfasi sul problema sicurezza era assai forte nell'opinione pubblica, l'immigrazione veniva indicata come problema principale da poco più di un decimo degli elettori leghisti, quindi decisamente meno che nel 2018 (tab. 4.8).

L'immigrazione rappresenta il termometro più autentico dei sentimenti di un partito. Gli elettori di Salvini manifestano le posizioni più negative all'interno del centro-destra, riflettendo sentimenti di ostilità e chiusura. L'85% di essi ritiene gli immigrati un pericolo per l'occupazione (a fronte di una media del 57%), l'83% una minaccia (e non un arricchimento) per la cultura italiana (media: 48%) (tab. 4.8).

La terza questione che attiene al posizionamento culturale-valoriale del partito è il rapporto con la religione. Anche in questo caso non si tratta di un argomento nuovo. Nel suo avvicinamento alla religione la Lega prosegue lo spostamento verso destra avviato già negli anni passati e, come effetto del posizionamento a destra, il tema religioso continua a segnare le vicende leghiste, ma con tonalità assai diverse rispetto alle «crociate» (*sic!*) contro il papa e i vescovi fin dalla Lega bossiana. Nella sua storia il partito ha attraversato fasi altalenanti, durante le quali il rapporto con la religione è stato prima derubricato a semplice rito pagano fondativo della nascente nazione padana, poi rivalutato attraverso l'adesione al cattolicesimo più tradizionale, con una torsione di odio antimusulmani che si trova in sintonia con la presidenza Trump e l'ortodossia nazionalista di Putin. La ripresa dell'argomento religioso è chiaramente uno

TAB. 4.8. ANDAMENTO NEL TEMPO DELLE POSIZIONI DELL'ELETTORATO LEGHISTA E DEL CENTRO-DESTRA SULL'IMMIGRAZIONE (2001-2018, %)

	2001	2006	2008	2013	2018
Gli immigrati sono un pericolo per la cultura nazionale italiana					
Elettori Lega (Nord)	59,3	78,7	57,5	–	83,5
Elettori Pdl (Forza Italia + An/FdI)	47,2	64,6	54,7	–	67,9
Tutti gli elettori	39,4	50,0	37,8	–	47,3
Gli immigrati sono un pericolo per l'occupazione					
Elettori Lega (Nord)	56,3	65,5	52,0	–	84,8
Elettori Pdl (Forza Italia + An/FdI)	52,1	63,4	56,9	–	79,3
Tutti gli elettori	42,4	49,8	28,6	–	57,1
Immigrazione: problema più importante per il Paese					
Elettori Lega (Nord)	12,7	18,3	8,4	–	26,5
Elettori Pdl (Forza Italia + An/FdI)	5,8	15,2	8,0	–	18,3
Tutti gli elettori	5,1	2,1	4,7	–	10,8

nota: 2001, 2006, 2008: molto + abbastanza d'accordo; 2013: dato mancante per bassa numerosità del sottocampione; 2018: posizioni favorevoli all'item (scala 0-10).

fonte: Itanes.

strumento chiave nella strategia di penetrazione all'interno di un elettorato tradizionalista e schierato a destra. La Lega di Salvini, proseguendo lungo questa direzione, non esita nell'esibire pubblicamente coerenza e fedeltà, ad esempio quando giura sul Vangelo:

> Mi impegno e giuro di essere fedele al mio popolo, a 60 milioni di italiani, di servirlo con onestà e coraggio, giuro di applicare davvero la Costituzione italiana, da molti ignorata, e giuro di farlo rispettando gli insegnamenti contenuti in questo sacro Vangelo. Io lo giuro, giurate insieme a me? Grazie, andiamo a governare e a riprenderci questo Paese. (Matteo Salvini, 27 febbraio 2018)

Si tratta ancora di propaganda, di buonsenso. È del resto noto che, fra le tante novità rispetto ai religiosi del suo tempo, Gesù abbia sconsigliato i giuramenti e richiesto la verità:

> Avete inteso che fu detto agli antichi: «Non giurerai il falso, ma adempirai verso il Signore i tuoi giuramenti». Ma io vi dico: non giurate affatto, né per il cielo, perché è il trono di Dio, né per la terra, perché è lo sgabello dei suoi piedi, né per Gerusalemme, perché è la

città del grande Re. Non giurare neppure per la tua testa, perché non hai il potere di rendere bianco o nero un solo capello. Sia invece il vostro parlare: «Sì, sì», «No, no»; il di più viene dal Maligno. (Vangelo di Matteo, capitolo 5, versetti 33-37)

Giurare sul Vangelo è dunque un ossimoro: il Vangelo mette fortemente in discussione il giuramento in quanto tale, e la Chiesa cattolica, almeno oggi, dice lo stesso. Questa precisazione aiuta a capire come la posizione di Salvini sia in realtà interpretabile come spregiudicata strumentalizzazione e violazione della Costituzione (art. 8, comma 1).

Nonostante il sovrainvestimento mediatico del partito in questo campo e le prese di posizione pubbliche dettate da evidenti ragioni politiche, l'elettorato leghista resta poco connotato rispetto a questa dimensione. Chi vota Lega tende a mostrare la stessa propensione della media degli elettori a recarsi regolarmente a messa (20%) mentre la quota di non praticanti è più bassa (30% contro 39%) e la restante metà frequenta la chiesa in modo intermittente (tab. 4.1). A differenza delle altre dimensioni analizzate finora, gli elettori leghisti non si distinguono in modo netto dal resto della popolazione e risultano meno religiosi di quanti hanno votato gli altri partiti della coalizione di centro-destra. Inoltre, nel corso del tempo non si è registrata una crescita dell'elettorato fedele alla messa, e tantomeno questo è avvenuto nel 2018, a dispetto del fatto che l'elettorato leghista presenti un'età media maggiore e sia dunque, in virtù di questo dato, potenzialmente meno esposto alla secolarizzazione.

Il rapporto con il religioso si lega in modo complesso e anche contraddittorio con le posizioni sui valori. Si può sostenere che la radicalizzazione sul piano etico sia avvenuta all'interno del mondo leghista anche in assenza di un'intensificazione delle manifestazioni del sentimento religioso, confermando in qualche modo la rappresentazione di un elettorato compattato più solidamente sul piano ideologico (nel suo essere di destra). L'insieme complessivo di questioni che investono la sfera dei diritti, il mondo dell'immigrazione e il rapporto con il religioso rimanda a un campo ben più ampio di significati e pratiche di quello presidiato dal partito stesso. Esse si inscrivono tra le grandi tematiche della contemporaneità, e le posizioni (a favore o contro) che maturano tra gli elettori in questo campo dipendono anche dall'attenzione dedicata dai mass media a raccontarle, alcune volte perfino a «strutturarle» e orientarle. Sulla base di quanto abbiamo mostrato, appare evidente che le posizioni più scioviniste, agganciate alla polemica anti-immigrati, hanno preso il sopravvento nel partito, assieme a un'idea di società moralmente compatta. Tali elementi di coerenza interna favoriscono la formazione del consenso tra quelle componenti dell'elettorato che vivono meno la drammaticità della perdita di potere economico e per le quali i fattori culturali-valoriali possono essere decisivi nella scelta di voto.

note

[1] Secondo le rilevazioni Swg (periodo 2013-2017) non meno del 90% degli elettori della Lega ha espresso in questi anni posizioni ostili e intolleranti sulle questioni sopracitate, rispetto a valori generali del 60%.

[2] Per una rassegna di letteratura sul rapporto tra populismo e democrazia rappresentativa in Europa cfr. l'articolo di Baldini [2014].

[3] Nel 2001 a indicare sfiducia verso le due assemblee rappresentative era ben il 54% di chi votava LN, ma nel 2008 la quota era salita al 63%. Analogamente, la sfiducia, già elevata, nei confronti dei partiti è cresciuta ulteriormente, dal 72% del 2001 al 76% del 2008 (elaborazione degli autori su dati Itanes).

5. Lega e Movimento 5 stelle
Due facce della protesta

> La Lega e il Movimento 5 stelle hanno fatto insieme qualcosa di straordinario, lavorando su un programma e mettendo da parte le proprie posizioni personali. Ora devono continuare su questa strada. Loro sono stati respinti dalle potenze straniere non dal popolo italiano che li ha appoggiati totalmente. È la prima volta che succede nella storia che destra e sinistra si uniscano. Perché ora la sfida è tra sovranisti e globalisti.
>
> Dichiarazione di Steve Bannon, ex capo stratega della Casa Bianca, 28 maggio 2018

1. Il malcontento come categoria politica

Contro la *partitocrazia*, contro «Roma ladrona», contro «Roma Polo» e contro «Roma Ulivo», antesignani della grande coalizione, del governo tecnico. La Lega Nord si è scagliata fin dalla sua nascita contro il *sistema di partiti* in auge dal 1948, provando a porsi come attore al di sopra delle stesse forze politiche oggetto dei suoi strali. Ha sistematicamente messo sotto accusa i partiti di governo, la Democrazia cristiana e il Partito socialista *in primis*, che guidavano non solo l'esecutivo nazionale, ma anche i governi locali proprio nelle aree che i leghisti volevano rappresentare. La Dc era infatti il garante degli interessi del Lombardo-Veneto presso il governo centrale, successivamente sostituita dalla Lega. La protesta contro il malgoverno democristiano e del Pentapartito si estendeva anche al «sistema Italia», generatore di disuguaglianze, corruzione, inefficienza, debito pubblico e disoccupazione. La Lega Nord funse da catalizzatore di tutta la rabbia sociale nei confronti del governo in «carica da cinquant'anni» e responsabile per i leghisti della sottorappresentazione politica, sociale ed economica della parte più ricca, laboriosa e virtuosa del Paese [Cotta e Isernia 1996; Diamanti 1996]. La rivolta del «Nord», dunque, come protesta verso un governo accentratore e poco attento nei confronti dei cittadini settentrionali. Insieme alla, per molti versi fondata, carica critica verso gli *incumbents*, la LN e i suoi elettori espressero fin dal 1987 una forte disaffezione rivolta contro il sistema democratico nel suo complesso, contro l'inefficienza e l'inefficacia delle istituzioni rappresentative, del parlamento, della magistratura, della burocrazia e degli enti di governo locali sino a investire la democrazia nel suo complesso.

Il *Movimento 5 stelle* è il partito italiano che per antonomasia rappresenta *la* protesta. Ne ha fatto il tratto distintivo, l'elemento essenziale e caratterizzante, la sfida politica e la ragione sociale. Nato per *protestare* contro il governo in carica guidato dal centro-sinistra e poi da Berlusconi, contro i partiti al potere ma anche contro quelli di opposizione, deboli agli occhi del M5s nel proporre una valida alternativa, radicale, di cambiamento. Lo slogan, usato come epiteto, era un emblematico «Pd meno elle» con il quale accomunare il Partito democratico (Pd) al Popolo della libertà (Pdl), distinti e distinguibili perciò, secondo l'«accusa», solo in termini semantici. Dal punto di vista sostanziale i due partiti erano sovrapponibili, fungibili e collusi in una comune azione politica ancorché mascherata dai ruoli di opposizione e di governo congiunturalmente ricoperti. L'ascesa al potere del duo Pd-Pdl tra il 2011 e il 2013 confermò l'intuizione del M5s di un'intesa *sistemica* e sistematica tra forze che avrebbero dovuto essere alternative. Il governo «tecnico» presieduto da Mario Monti rappresentò l'oggetto ideale per la protesta contro la classe dirigente e i partiti di riferimento, rei di non rappresentare il «mandato» popolare e incapaci di tenere conto delle proteste e delle proposte del M5s. Il discontento nei confronti di quel governo e di quell'alleanza fu alla base della motivazione di voto *contro* l'*incumbent* e a favore dello sfidante sistemico, ossia il M5s.

Sul piano della *protesta* contro il sistema il partito eteroguidato da Casaleggio Associati e Grillo ha mantenuto una posizione meno definita e coerente rispetto alla Lega. Le critiche alla democrazia e alle istituzioni rappresentative sono state meno aspre e molto più indirizzate alla classe dirigente che le occupava. Al contrario, la ricerca della democrazia «diretta» è stata uno dei tratti distintivi del partito, insieme alla difesa acritica dei magistrati e delle regole; espressione, questa, di una cultura politica legalista, atipico per i movimenti populisti[1].

Una distinzione emerge però chiaramente, nella posizione di protesta antisistemica del M5s, tra la critica rivolta al livello nazionale di governo e quella al livello sovranazionale. Nel primo caso, la carica oppositiva si trasferisce contro i rappresentanti delle istituzioni, ma a difesa delle stesse. Viceversa, rispetto al contesto dell'Unione Europea l'enfasi per un cambiamento e una destrutturazione radicale è stata complessiva. L'Unione Europea in quanto istituzione è stata oggetto degli strali del M5s e la critica e la protesta contro l'euro sono state particolarmente dure. Il M5s ha mostrato dunque un atteggiamento *double face*, di sostegno alla democrazia italiana e di critica rispetto a quella sovranazionale; posizioni che rendono il tratto di partito antisistemico meno evidente rispetto all'impronta di protesta antiélite.

Questi sentimenti di contestazione contro gli attori della politica sono da tempo presenti sulla scena italiana e non appaiono certo una prerogativa esclusiva della Lega o del M5s. Affondano addirittura le proprie radici nel processo di unificazione nazionale, riemergendo periodicamente dal 1946-1948 attraverso partiti con alterne fortune, rimanendo in altre fasi latenti nel sentimento dei cittadini/elettori e non politicizzati. Lungi dal riflettere problemi del presente, la protesta antiélite segnala in realtà una dimensione più generale di velata idiosincrasia per le istituzioni della (giovane) democrazia rappresentativa, tanto da segnarne un distacco crescente, una diffidenza, un sentire di ostilità e sospetto [Tarchi 2015]. Alla domanda circa il modo in cui M5s e Lega Nord si relazionano a queste dinamiche complesse e di lungo periodo è possibile affermare che entrambi rappresentino due esempi di partito di protesta.

Prima di procedere alla comparazione tra le diverse espressioni di questo sentimento che essi mettono in campo è però necessario definirle sul piano teorico. Nella letteratura politologica internazionale la protesta è ampiamente dibattuta, a tratti controversa, ma esiste un accordo di fondo su alcuni elementi. Il sentimento di protesta politica può indurre gli elettori disaffezionati a votare per un partito «estremo», ossia non *mainstream*. Pertanto, il voto di protesta induce in qualche misura a segnalare la propria insoddisfazione piuttosto che a sostenere il distacco dal voto, con l'astensione. Secondo Giovanni Sartori un partito può essere definito «antisistema» allorché «cambierebbe, se potesse, non il governo, ma il sistema di governo», e che non tutti i partiti antisistema lo sono nello stesso senso, posto che le attitudini possono coprire un ampio spettro, «dall'alienazione e dal rifiuto totale, fino alla protesta» [Sartori 1976, 117, 133]. Questa definizione si applica tanto ai partiti di estrema sinistra, quanto a quelli di estrema destra, e in generale alle formazioni secessioniste, fondamentaliste religiose, ossia forze che minano la legittimità del sistema in cui operano [Ignazi 2003; Mudde 2007; van Kessel 2015; Passarelli e Tuorto 2018b]. Il voto di protesta *non* è di per sé una forma di apatia, ma fa riferimento a un comportamento elettorale espresso deliberatamente contro i partiti «storici», quelli per cui gli elettori hanno abitualmente votato.

L'idea di «voto di protesta» implica la necessità di individuare qualcosa o qualcuno contro cui gli elettori si possono scagliare in segno di sfiducia e disapprovazione; un voto, quindi, per spaventare le élite [van der Brug, Fennema e Tillie 2000]. In base all'oggetto cui si rivolge il malcontento vanno distinte due dimensioni tra loro interrelate [Bergh 2004]. La prima forma di protesta, definibile come *system discontent* («insoddisfazione sistemica»), fa riferimento agli elementi democratici della politica quali i partiti in generale, i politici, le istituzioni, il funzionamento stesso della democrazia. Il secondo tipo di protesta, che rimanda a una dimensione di *élite discontent*, si riferisce a un'ostilità contro specifiche figure politiche come il governo in carica, i partiti principali, quelli più rilevanti anche di opposizione ma che hanno plausibili aspettative di governo futuro ovvero che hanno governato nel recente passato e di cui gli elettori valutano molto negativamente le prestazioni.

Se, dunque, la Lega Nord e il Movimento 5 stelle sono due partiti di protesta, è cruciale rilevare quali siano le differenze e le similitudini a partire proprio dalle dimensioni analitiche che più li connotano: quella che si riferisce alla contrapposizione tra *mainstream* e antiestablishment e la classica distinzione «sinistra/destra». È evidente che la terminologia indicata e i concetti sottostanti, in particolar modo quelli riferiti alla prima dicotomia, contengano una dose di potenziale ambiguità poiché se un partito è al governo o ambisce ad accedervi automaticamente decadrebbe nella sua dimensione di partito di protesta antiélite. È tuttavia necessario specificare che, anche andando al governo, un partito e i suoi elettori possano continuare a caratterizzarsi quali soggetti che protestano contro le élite. Manifestazioni di sfiducia nei confronti dei partiti *mainstream*, dei politici, delle figure istituzionali più rilevanti possono quindi permanere anche stando nella «cabina di regia», come nel caso della Lega Nord per molti anni e del M5s recentemente.

La doppia avanzata *grillin-leghista* nelle elezioni del 2018 sta a segnalare che gli elettori abbiano colto delle differenze tra gli stessi, sebbene entrambi si presentassero come partiti di protesta. Questi due partiti simili, *frères ennemis*, si compensano in ragione dell'elemento di punta del messaggio politico che propongono: il populismo di estrema destra anti-immigrazione e identitario della Lega Nord, e la retorica contro le *caste* del M5s. I due partiti differiscono sia in termini di *quantità* sia di *qualità* della protesta e al contempo hanno elementi di similitudine su diversi temi. Il M5s mostra tratti di protesta coltivati e alimentati dal disagio. È riuscito a incanalare la rabbia contro la violenza sociale e ambientale, contro la corruzione e le collusioni mafiose e ha realizzato i migliori risultati, non a caso, nel Sud Italia, dove più drammatici sono la disintegrazione dello Stato (sociale) e l'abbandono da parte della politica e dell'economia[2]. La Lega è, invece, chiaramente un partito *pro* sistema al Nord, dove governa in tre regioni e centinaia di comuni e province. Quindi la Lega è molto più *antisystem* e il M5s molto più antiélite, ovviamente considerando che queste attribuzioni rimandano a idealtipi cui ciascun partito, e i rispettivi elettorati, si approssimano. Il nodo delle diverse forme di protesta, che verrà ripreso più avanti (par. 5), rimanda a una differenza di fondo: se entrambi i partiti concentrano le loro critiche sullo scarso rendimento delle istituzioni politiche e degli attori in campo, le loro risposte in qualche modo divergono. Le posizioni espresse dalla Lega sono infatti irriducibili al solo tema anticasta e ancora pienamente immerse dentro lo schema ideologico tradizionale del sinistra-destra, con tutte le conseguenze che ne derivano, ad esempio rispetto ad avere un chiaro posizionamento sui temi politici (che manca in larga parte, e volutamente, al M5s). D'altro canto, la Lega è stata in qualche modo costretta a cavalcare anche l'argomento anticasta per non lasciarne il monopolio al rivale-alleato. Questo tema venne agitato già all'origine dal Carroccio, se si ritorna con la memoria alla stagione di Tangentopoli e al giustizialismo del cappio sventolato in aula a Montecitorio. È stato poi abbandonato durante il lungo periodo di governo nel centro-destra berlusconiano per ritornare al presente, ma in un quadro politico profondamente cambiato.

2. Un Paese diviso. Dove vince la Lega, dove vince il M5s

L'elemento più evidente che emerge dall'analisi territoriale del voto del 2018 è la netta divisione dei consensi tra Lega e Movimento 5 stelle, con la prima che prevale al Nord e l'altro al Sud, in un quadro generale in cui entrambi i partiti acquisiscono presidi significativi di voti anche nel resto del Paese. Le mappe riportate di seguito (figg. 5.1, 5.2, 5.3 e 5.4) localizzano in modo chiaro i nuclei del voto sul territorio e le dinamiche della diffusione. Sia la Lega sia il M5s mantengono un consenso forte in aree di insediamento dove, rispetto all'elezione del 2013, hanno confermato o incrementato la presenza. Se per la Lega, come è stato mostrato nel capitolo 2, il baricentro del voto si posiziona tra la bassa Lombardia e l'Emilia, per il Movimento 5 stelle il *core* del voto è invece localizzato nell'Italia centrale, in un'area che corrisponde grosso modo alle province settentrionali del Lazio. Le mappe mostrano anche come le aree di forza elettorale si siano andate espandendo. Il territorio di riferimento che identifica l'insediamento elettorale della Lega è ormai tracimato dai confini del Lombardo-Veneto abbracciando, in modo più ampio e diffuso che in passato, la zona rossa e includendo non

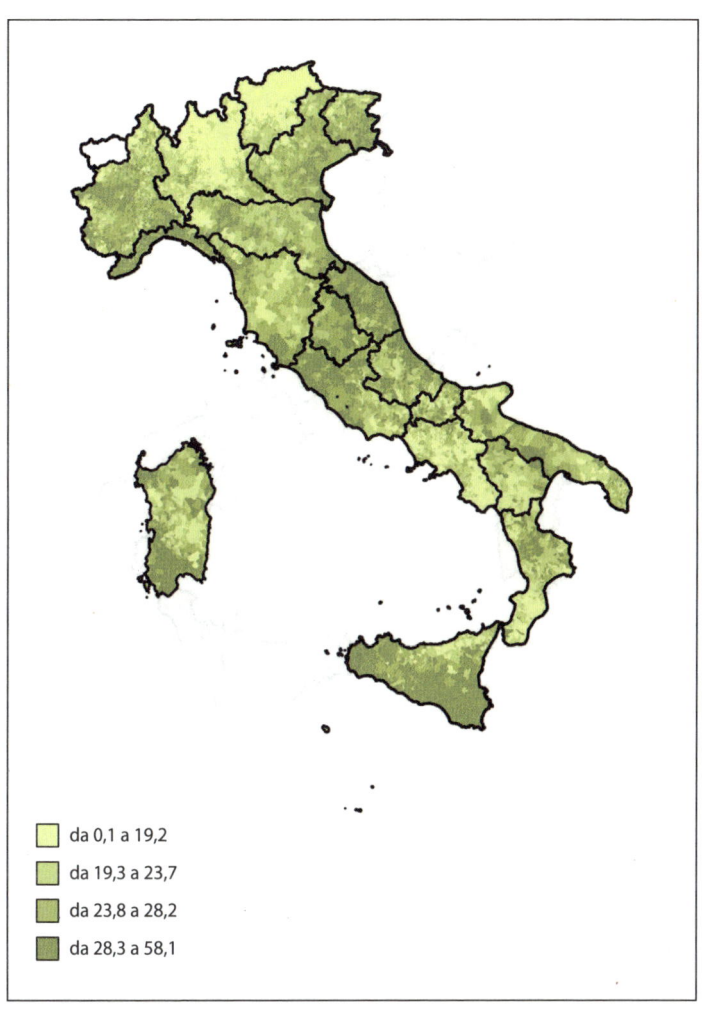

FIG. 5.1. Voti al M5s (elezioni politiche 2013, %).
fonte: Elaborazione degli autori da Ministero dell'Interno (Camera dei deputati).

più solo l'Emilia. Nel caso del M5s il clamoroso successo al Sud (dove è passato dal 27 al 47%) e l'ampiezza di questo successo in termini di copertura del territorio identificano chiaramente la direzione del movimento.

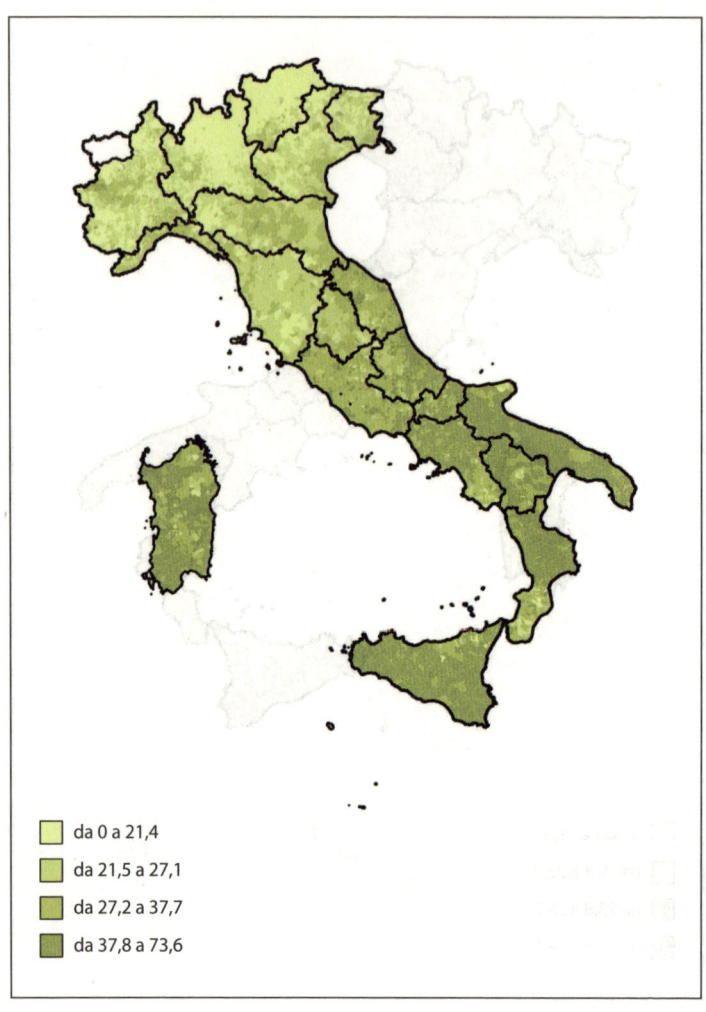

FIG. 5.2. Voti al M5s (elezioni politiche 2018, %).
fonte: Elaborazione degli autori da Ministero dell'Interno (Camera dei deputati).

Per quanto scritto finora, parlare di «nazionalizzazione del voto» alla Lega Nord, *e* della Lega Nord, è complicato. La formazione guidata da Salvini non è mai stata un partito nazionale, mentre il voto per il M5s ha assunto fin dall'inizio una struttura

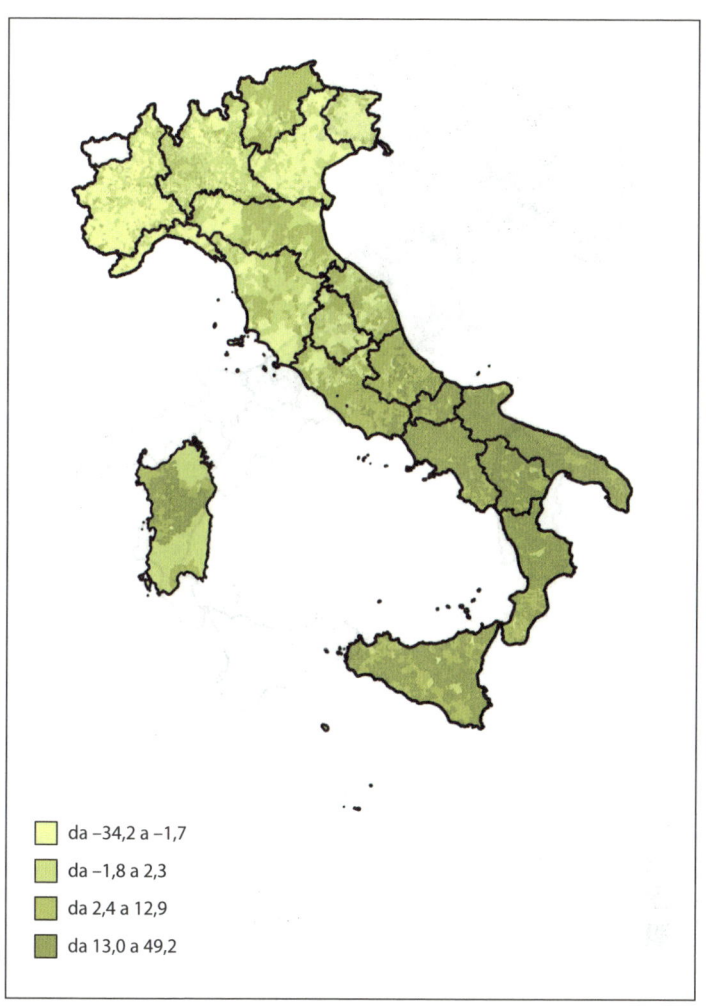

FIG. 5.3. Voti al M5s (elezioni politiche 2018-2013, variazione punti percentuali).

fonte: Elaborazione degli autori da Ministero dell'Interno (Camera dei deputati).

peculiare che lo ha portato a essere presente in misura più o meno simile su quasi tutto il territorio italiano. Guardando alla distribuzione del voto sul territorio e alla sua evoluzione si potrebbero sostenere, a ragione, posizioni apparentemente contraddittorie.

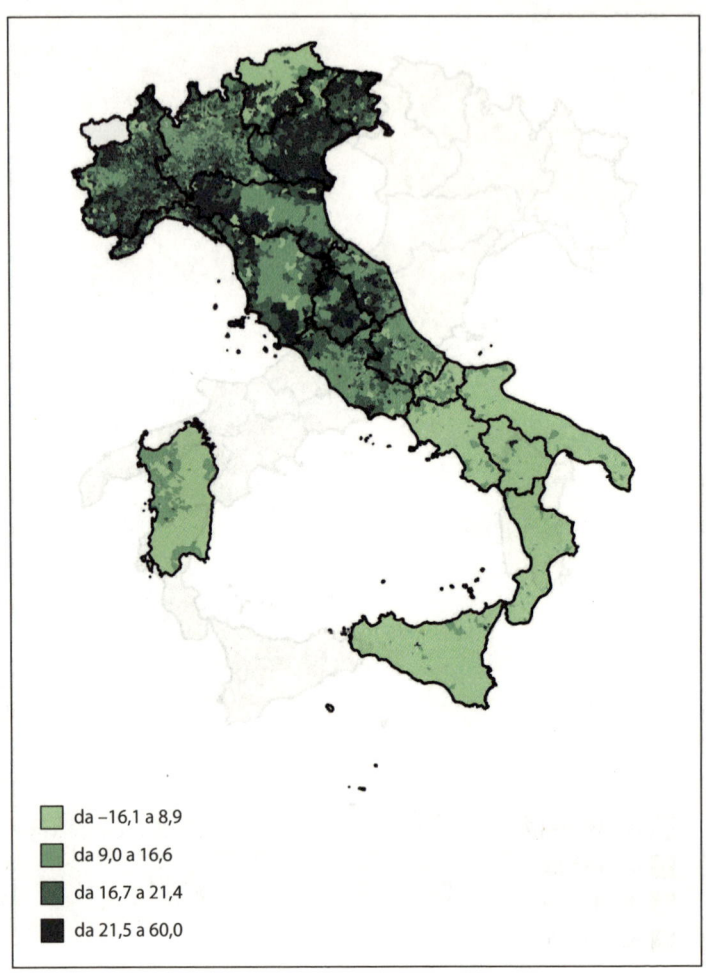

FIG. 5.4. Voti alla LN (elezioni politiche 2018-2013, variazione punti percentuali).

nota: Cfr. nota della fig. 3.7.

fonte: Elaborazione degli autori da Ministero dell'Interno (Camera dei deputati).

Si potrebbe dire, cioè, che i due partiti presentino strutture e dinamiche sostanzialmente opposte, ma anche che siano diventati più simili. La Lega, pur mantenendo un forte nucleo di consensi al Nord, ha aumentato la presenza nel resto del Paese. Nelle aree dove era assente o più debole il partito è riuscito ad acquisire un livello minimo di forza elettorale che gli consente di esistere quasi sull'intero territorio nazionale. Il percorso verso una completa nazionalizzazione del voto, vero cavallo di battaglia della strategia di Salvini, resta però largamente incompiuto. Il divario di consensi tra Nord e Sud si coglie in modo particolare focalizzandosi sulle aree dove la Lega è meno presente, ossia nella fascia di comuni corrispondenti al primo decile. La quota di voti per la Lega raggiunge il 3% al Sud rispetto a valori sette volte più alti nel Nord-Ovest, area in cui il partito riesce a garantirsi un consenso diffuso anche dove è meno forte (tab. 5.1).

Per quanto riguarda il M5s, si partiva da una situazione diversa. Nel 2013 il partito emergeva come l'unico veramente nazionale, erede di Forza Italia [Diamanti, Bordignon e Ceccarini 2013], con una concentrazione dei voti estremamente bassa. Questo tratto è stato solo in parte mantenuto. A differenza del passato, nel 2018 appare più chiara la localizzazione di un centro elettorale, la presenza di un'area di influenza e, anche, di consensi decrescenti man mano che ci si allontana da questo centro. Il M5s ha raggiunto al Sud valori particolarmente elevati, fino al 47% di media, ed è riuscito a vincere in quasi tutti i collegi (84 su 101 per la Camera). Il livello dei picchi di voto è davvero rilevante e porta a vedere il M5s, per la prima volta, come partito con una precisa connotazione territoriale. Ciononostante, a confronto con la Lega questo tratto è meno evidente. Il partito continua a mantenere una diffusione abbastanza capillare (il coefficiente di variazione è aumentato poco passando da 0,30 a 0,39) e anche dove ottiene livelli minori di consensi (comuni del 1° decile) questi restano decisamente più alti dei consensi della Lega nei comuni dove è più debole. Se è vero che al Nord il M5s non è riuscito a essere competitivo come al Sud conquistando solo pochi collegi uninominali (4 su 91), è anche vero che ha tenuto in termini di percentuali di voto (non scende sotto il 10% in nessuna delle cinque macrozone geopolitiche). Inoltre, la differenza tra aree a debole e a forte presenza del partito è più contenuta: il partito cresce (o decresce) di due-tre volte passando da un'area territoriale all'altra, mentre la variazione per la Lega è molto maggiore.

TAB. 5.1. INDICATORI DI VARIABILITÀ DEL VOTO ALLA LEGA E AL M5S PER ZONA GEOPOLITICA E PER COMUNE (ELEZIONI POLITICHE 2018, %)

	LEGA			M5S		
	% VOTI (TOTALE)	% VOTI MIN (1° DECILE)	% VOTI MAX (10° DECILE)	% VOTI (TOTALE)	% VOTI MIN (1° DECILE)	% VOTI MAX (10° DECILE)
Nord-Ovest	26,1	21,6	41,5	23,3	14,6	30,1
Nord-Est	30,0	14,1	42,6	23,2	12,2	27,9
Zona rossa	18,7	14,6	28,7	27,4	21,3	36,4
Centro	13,1	7,8	20,1	35,7	27,9	47,9
Sud	5,4	3,2	9,6	47,3	30,7	54,6
Totale	17,7	5,2	38,2	32,4	16,9	46,9
Dev. standard	12,6			11,63		
Indice di dispersione (coeff. di variazione)		0,58			0,39	

nota: N = 7.880. Il coefficiente di variazione è dato dal rapporto tra la deviazione standard e la media.
fonte: Elaborazione degli autori da Ministero dell'Interno.

Accanto alla differenza Nord-Sud un altro importante elemento di divergenza tra i due partiti riguarda la distribuzione del voto per ampiezza del comune. Nel caso della Lega è nota e ampiamente studiata la dinamica (cap. 2) che vede il partito concentrare i consensi nei centri più piccoli, quelli sotto i 5 mila abitanti, per perderli progressivamente al crescere dell'ampiezza del comune [Passarelli e Tuorto 2012b; Agnew, Shin e Bettoni 2002]. Questa differenza è meno marcata per il M5s. Il partito è particolarmente forte nei comuni di dimensione intermedia (fino a 100 mila abitanti), mentre tocca i valori minimi sia nei centri più piccoli sia nelle grandi città. In ragione di questa particolare caratteristica, nei comuni minori la distanza tra le due formazioni è minima e la competizione più forte, mentre nei comuni intermedi lo scarto raggiunge il massimo. Nelle grandi città (con oltre 100 mila abitanti), infine, entrambi i partiti fanno fatica a dominare la scena politica, insidiati soprattutto dal centro-sinistra, che mantiene un presidio elettorale importante specialmente nei centri storici (tab. 5.2)[3].

Un'osservazione aggiuntiva concerne le differenze territoriali. Nel caso del M5s, l'andamento del voto per comune resta abbastanza omogeneo, in particolare al Sud, a conferma di una capacità di penetrazione generalizzata. Per la Lega, invece,

TAB. 5.2. DISTRIBUZIONE DEL VOTO ALLA LEGA E AL M5S PER AMPIEZZA DEL COMUNE AL NORD E AL SUD (ELEZIONI POLITICHE 2018, %)

	ITALIA		NORD E ZONA ROSSA		CENTRO-SUD	
	LEGA	M5S	LEGA	M5S	LEGA	M5S
< 5.000	22,9	29,2	30,1	23,0	9,1	41,0
5-15.000	20,3	31,6	27,2	25,2	8,0	44,0
15-50.000	14,9	35,9	22,7	26,2	7,7	46,0
50-100.000	15,1	34,8	20,3	25,2	7,3	47,6
> 100.000	12,9	31,4	17,7	23,3	8,0	39,4
Rapporto tra comuni grandi (100.000) e comuni piccoli (< 5.000)	0,56	1,08	0,59	1,02	0,87	0,96

fonte: Ministero dell'Interno.

l'andamento tipicamente decrescente del voto (dai piccoli ai grandi centri) trova conferma solo al Nord, dove il partito supera nettamente il M5s nei comuni minori mentre viene sorpassato in tutti gli altri, con un distacco significativo a favore del M5s nelle grandi città. Al contrario, al Centro-Sud il consenso per il partito di Salvini è più omogeneo e non diminuisce nelle aree urbane più popolate[4].

L'effetto della redistribuzione geografica del voto è stato l'emergere di una linea di demarcazione, se non di frattura, che divide l'Italia elettorale del Nord da quella del Centro-Sud, con la zona rossa che diventa un'area non più identificabile, di transizione. In sintesi, i dati mostrano come l'espansione leghista sia rimasta incompleta in quanto il partito resta ancorato al Nord (pur se in un'accezione territoriale più ampia che finisce per includere anche la zona rossa), mentre il M5s guarda al Sud ma con una presenza significativa (ben più della Lega) in altre aree. L'andamento del voto per comune dice, poi, che il voto al M5s è più uniforme in tutto il Paese. Quello alla Lega tende invece a essere concentrato, oltre che al Nord, anche nei piccoli centri sempre dell'Italia settentrionale, mentre al Sud perde in parte questa caratteristica manifestandosi anche nelle grandi città.

Le mappe del voto mostrano, in definitiva, come i nuclei territoriali di forza dei due partiti risultino nettamente distinti, separati da diverse centinaia di chilometri sulla carta geografica.

TAB. 5.3. COMUNI IN CUI È AVANTI LA LEGA O IL M5S (O IN CUI SONO VICINI) E DIFFERENZA MEDIA PER ZONA GEOPOLITICA (ELEZIONI POLITICHE 2018, %)

	LEGA < M5S	M5S E LEGA VICINI (< 2 PUNTI PERCENTUALI DI SCARTO)	LEGA > M5S	SCARTO MEDIO (PUNTI PERCENTUALI)	COMUNI IN CUI LA LEGA SUPERA LA MEDIA NAZIONALE	COMUNI IN CUI IL M5S SUPERA LA MEDIA NAZIONALE
Nord-Ovest	19,4	10,1	70,4	+8,9	97,8	5,6
Nord-Est	14,4	10,7	74,9	+9,9	88,9	0,9
Zona rossa	72,4	10,8	16,8	−6,8	70,1	22,7
Centro	97,5	1,2	1,2	−23,9	20,7	73,3
Sud	99,7	0,1	0,2	−36,6	0,8	86,6
Totale	54,5	6,7	38,7	−8,0	59,9	35,3

fonte: Elaborazione degli autori da Ministero dell'Interno.

Veri e propri riferimenti a cui Lega e M5s guardano ma anche limiti del loro voto, luoghi che li tengono ancorati e da cui hanno difficoltà a uscire (in modo particolare la Lega). Sulla base di quanto mostrato finora appare scontato che la relazione tra il voto al M5s e il voto alla Lega sul territorio si presenti fortemente negativa: dove uno dei due partiti è più forte l'altro è più debole.

Nella maggior parte dei comuni italiani Lega e M5s sono distanti in quanto a forza elettorale espressa. Solo nel 7% dei casi lo scarto tra le due formazioni è minore di 2 punti percentuali. Questo avviene soprattutto al Nord, mentre al Centro-Sud la competizione è praticamente inesistente, essendo questa l'area in cui il M5s ottiene il massimo e la Lega il minimo dei voti. La Lega è davanti al M5s nel 39% dei comuni, dietro nel 55%. Nel Nord-Est il partito di Salvini riesce a ottenere un risultato complessivamente migliore, sopravanzando i rivali nel 75% dei casi e restando significativamente indietro solo nel 14%. Risultati simili si registrano nel Nord-Ovest, mentre nella zona rossa la Lega è indietro nel 72% dei casi scontando uno scarto medio negativo di 7 punti percentuali (mentre nel Nord-Ovest e nel Nord-Est lo scarto è a suo favore). Al Sud il ritardo della Lega rispetto al M5s è enorme, fino a 37 punti percentuali. La spaccatura tra le aree si può notare, infine, anche da un altro aspetto: in quasi nessun comune del Sud la Lega riesce a superare il dato medio nazionale, mentre lo fa nel 20% dei comuni del Centro e nel 70% dei comuni della zona rossa (oltre a praticamente tutto il Nord). Al contrario, il M5s supera il suo dato nazionale in gran parte del Centro-Sud, ma anche nel 23% dei comuni della zona rossa (mentre è oltre il valore medio nell'1% dei comuni del Nord-Est e nel 6% di quelli del Nord-Ovest) (tab. 5.3).

3. Voti che vengono da lontano

Lega Nord e Movimento 5 stelle presentano una distribuzione territoriale del voto piuttosto differente. La presenza di nuclei di forza in aree distanti e contrapposte – il Nord e il Sud – rende particolarmente importante approfondire le caratteristiche economiche, sociali, politiche dei contesti in cui i partiti raggiungono i consensi più ampi. Mettere in relazione il voto per un partito con specifiche connotazioni dei territori non è semplice, innanzitutto perché è difficile isolare l'effetto di un fattore da quello di altre dimensioni presenti, ma anche perché le dinamiche del cambiamento elettorale non riflettono quasi mai i tempi del cambiamento socioeconomico. Inoltre, va tenuto presente che si tratta di correlazioni ecologiche, ossia di associazioni riscontrate all'interno di un'unità di analisi (provincia, comune o altra entità territoriale) che si assume omogenea al suo interno quando di fatto non lo è (o non lo è del tutto).

Tenendo presenti i limiti suddetti di queste analisi abbiamo preso in esame alcuni indicatori relativi alla struttura dell'economia e della popolazione. Per quanto riguarda la prima dimensione emergono indicazioni piuttosto chiare. Le percentuali di voto alla Lega tendono a essere più elevate nelle aree (province) in cui il mercato del lavoro risulta più performante, dove cioè i tassi di occupazione sono più alti e quelli di disoccupazione più bassi. Il contrario avviene invece per il M5s, che ottiene risultati più rilevanti dove l'incidenza delle persone senza lavoro è maggiore. Il dato forse più importante è che l'associazione tra le due dimensioni resta solida sia al Sud, dove il partito di Di Maio consegue complessivamente i migliori risultati, sia al Nord, dove si poteva supporre che (anche) altri attori politici riuscissero a catalizzare il consenso attorno al tema del disagio economico. Diversamente, la Lega ha successo al Sud non tanto dove prevalgono condizioni di difficoltà (sono questi i contesti a forte dominio grillino), ma nelle aree più solide, dove i tassi di sviluppo sono più elevati. Invece al Nord l'insediamento elettorale del partito appare largamente indipendente dalla struttura economica dei contesti locali essendosi consolidato nel corso del tempo. Per questa stessa ragione le correlazioni restano deboli anche con altri indicatori, ad esempio la composizione per età della popolazione (tab. 5.4).

Un discorso particolare merita la relazione tra voto alla Lega e presenza di stranieri[5]. Tale relazione è stata ampiamente discussa nel dibattito pubblico e, spesso frettolosamente, riconosciuta quale spiegazione decisiva del voto a questo partito o della sua crescita. In realtà, per quanto i due fenomeni appaiano correlati su scala nazionale ($r = +0{,}63$), la loro associazione nasconde dinamiche fortemente differenziate sul territorio. Il rapporto tra immigrazione e voto alla LN cambia notevolmente nelle due zone del Paese. Al Nord, laddove c'è maggiore presenza di immigrati il partito di Salvini non raccoglie maggiori consensi. Il fatto che la relazione sia debolmente negativa non deve però sorprendere. La presenza leghista, proprio perché esprime un tratto di lungo periodo delle comunità locali settentrionali, non può essere ricondotta a dinamiche congiunturali legate all'andamento del fenomeno migratorio (ed è significativo che la relazione non compaia neppure prendendo in considerazione la variazione percentuale 2013-2018 invece che il dato 2018). L'associazione tra voti alla Lega e presenza di stranieri al Sud risulta invece significativamente positiva, ma anche in questo caso si può attribuire alla presenza di altri fattori correlati. Gli stranieri (regolari, residenti) si concentrano, infatti, nelle aree con le migliori prestazioni economiche, che sono anche quelle dove la Lega nel Mezzogiorno ha ottenuto maggiori consensi (tab. 5.4). Siamo quindi in presenza di una relazione in larga

TAB. 5.4. RELAZIONE TRA VOTO ALLA LEGA E AL M5S E CARATTERISTICHE SOCIOECONOMICHE/SOCIOPOLITICHE DEI CONTESTI TERRITORIALI (ELEZIONI POLITICHE 2018, ITALIA, NORD E ZONA ROSSA, CENTRO-SUD, %)

	AREE CON LEGA		COEFFICIENTE r	AREA CON M5S		COEFFICIENTE r
	DEBOLE	FORTE		DEBOLE	FORTE	
Italia						
Età media	45,7	45,4	+0,42***	45,3	45,8	−0,45***
Indice di vecchiaia	186	178	+0,28***	175	189	−0,29***
Tasso di disoccupazione	12,8	11,8	−0,78***	11,2	13,4	+0,84***
Tasso di occupazione	57,4	57,6	+0,80***	59,0	55,7	−0,89***
Stranieri residenti per 100 abitanti	7,4	7,8	+0,63***	8,4	7,1	−0,74***
Nord e zona rossa						
Età media	46,5	46,0	−0,24	45,7	46,9	+0,43***
Indice di vecchiaia	199	186	−0,24	179	207	+0,42***
Tasso di disoccupazione	8,5	8,2	−0,30*	7,7	9,1	+0,51***
Tasso di occupazione	65,0	64,9	−0,00	66,3	66,4	−0,50***
Stranieri residenti per 100 abitanti	10,0	9,7	−0,18	10,4	9,2	−0,06
Centro-Sud						
Età media	44,3	44,7	+0,60***	44,7	44,3	−0,51***
Indice di vecchiaia	164	169	+0,50***	169	164	−0,41**
Tasso di disoccupazione	19,7	16,1	−0,66***	16,1	19,0	+0,58***
Tasso di occupazione	45,2	48,7	+0,82***	49,0	45,4	−0,67***
Stranieri residenti per 100 abitanti	4,1	5,5	+0,66***	5,6	4,2	−0,59***

nota: N = 106 (dati aggregati a livello di provincia). Le variabili sociodemografiche ed economiche si riferiscono agli anni 2016 o 2017. * $p \leq 0,01$; ** $p \leq 0,005$; *** $p \leq 0,001$.
fonte: Elaborazione degli autori da Istat.

parte indiretta e, comunque, controversa. È interessante rilevare la similitudine, su questo tema, tra il voto leghista e quello per il Front National. Gli studi dei politologi francesi hanno segnalato da anni quanto il consenso per il partito lepenista incrementi *all'aumentare* della distanza dai centri urbani ove si concentra un numero maggiore di cittadini di nazionalità non francese. Secondo Pascal Perrineau si tratterebbe della cosiddetta «paura dell'eco politica dell'anomia urbana» [1988], cioè della percezione del rischio potenziale che quanto succede nelle città, nelle metropoli, possa accadere anche nelle «periferie» rurali; ossia che un fenomeno quale l'aumento dei voti per un partito anti-immigrati possa manifestarsi anche nei luoghi in cui gli immigrati non sono tanti ma vengono percepiti come una presenza possibile.

Un altro spunto di riflessione viene dalla connessione tra voto e tradizione elettorale dei contesti locali, ossia quei tratti generali e di lungo periodo riconducibili alla presenza di partiti e culture politiche storicamente radicati nei territori. Per quanto riguarda la Lega Nord, è nota e ampiamente confermata la relazione con il voto alla Dc [Diamanti 1993; 2003; Shin e Agnew 2002; 2007], che sembra persistere, nonostante siano trascorsi alcuni decenni dal primo insediamento del partito. Ancora nel 2018 la Lega Nord ha ottenuto più consensi nelle aree storicamente feudi democristiani, le stesse zone in cui ha confermato nel tempo la sua forza. Questa associazione si riscontra però solo al Nord (o, meglio, nel Nord-Est) mentre al Sud, dove la presenza leghista ha cominciato solo recentemente a strutturarsi, resta piuttosto blanda. Le stesse ragioni che spiegano l'associazione con il voto democristiano giustificano la correlazione negativa tra consensi alla Lega e al Pci, correlazione che compare sempre e unicamente al Nord. Nel caso del M5s, invece, l'andamento è speculare: il partito perde consensi nelle aree in cui la Dc era storicamente più radicata mentre ne conquista in percentuale maggiore dove era forte il Pci (tab. 5.5). E, come per la Lega, tali associazioni si riscontrano solo nelle regioni settentrionali e nella zona rossa.

Per esaminare in modo più completo le influenze politiche dei contesti locali è utile, infine, allargare lo sguardo ad altre relazioni. Una particolarmente suggestiva è quella con l'area politica minoritaria rappresentata dalla destra storica del Movimento sociale italiano. Nel caso della Lega l'interesse per questa relazione deriva dalla connotazione ideologica che ha progressivamente assunto il partito, dalla possibilità che trovi terreno fertile su cui attecchire fuori dalle aree tradizionali di insediamento, proprio nei luoghi in passato connotati da maggiore presenza missina. Alcuni studi avevano mostrato, ad esempio, l'esistenza di possibili linee di sovrapposizione in contesti territoriali circoscritti come alcune province della Toscana [Mancosu 2015]. I dati non sembrano però supportare questa lettura. Le associazioni individuate risultano sempre deboli o negative sia per la Lega sia per il M5s, anche al Sud, dove la presenza missina è stata storicamente più diffusa e si poteva

TAB. 5.5. RELAZIONE TRA VOTO ALLA LEGA E AL M5S E CARATTERISTICHE SOCIOECONOMICHE/SOCIOPOLITICHE DEI CONTESTI TERRITORIALI (ELEZIONI POLITICHE 2018, ITALIA, NORD E ZONA ROSSA, CENTRO-SUD, %)

	AREE CON LEGA		COEFFICIENTE r	AREA CON M5S		COEFFICIENTE r
	DEBOLE	FORTE		DEBOLE	FORTE	
Italia						
voti Dc	41,2	48,8	+0,27***	48,9	43,3	−0,19***
voti Pci	33,4	27,1	−0,22***	26,5	33,2	+0,18***
voti Msi	4,6	4,1	−0,48***	4,4	4,2	+0,43
Nord e zona rossa						
voti Dc	39,3	49,5	+0,56***	49,5	42,8	−0,38***
voti Pci	36,2	26,9	−0,57***	26,7	33,2	+0,42***
voti Msi	2,8	2,7	−0,15	2,8	2,8	+0,07
Centro Italia e Sud						
voti Dc	45,2	47,4	+0,06	48,0	44,0	−0,18***
voti Pci	30,6	27,6	−0,04	26,1	33,0	+0,17***
voti Msi	6,4	7,0	−0,03	7,0	6,5	+0,02

nota: N = 7.978 (dati aggregati a livello comunale). Le percentuali di voto riportate per Dc, Pci e Msi si riferiscono alle elezioni politiche 1976 (Camera dei deputati). * $p \leq 0,01$; ** $p \leq 0,005$; *** $p \leq 0,001$.

fonte: Elaborazione degli autori da Ministero dell'Interno.

supporre una qualche influenza in relazione all'avanzamento recente del Carroccio (tab. 5.5).

4. Complementari alla meta. Gli elettori

Esistono elementi che accomunano gli elettori di Lega e Movimento 5 stelle oltre alla differenziazione territoriale del voto? La domanda è per nulla scontata se si considera che i successi dei due partiti derivano da interpretazioni diverse della spinta populista che sta scuotendo i sistemi democratici contemporanei. Abbiamo mostrato come Lega Nord e Movimento 5 stelle, con il voto del 4 marzo 2018, si siano insediati in contesti distinti sul piano territoriale e socioeconomico. In questo paragrafo puntiamo invece l'attenzione sulle caratteristiche individuali di chi li ha votati. Attraverso un'analisi delle dimensioni di base e degli atteggiamenti politici proveremo a capire se e quanto i profili dei due elettorati si differenzino, su quali aspetti divergano e su quali si sovrappongano. Nel caso della LN siamo di fronte a un partito che dopo una fase di crisi ha visto crescere i consensi con una rapidità e intensità tali da indurre a interrogarsi su quanto sia cambiata la sua area di riferimento. L'altro partito, il M5s, dopo la clamorosa affermazione ottenuta nel 2013 ha saputo confermare il successo anche a livello locale, nonostante le difficoltà di amministrazione riscontrate nelle grandi città e la battuta d'arresto del 2018, riuscendo a imporsi nettamente come prima forza del Paese. Se nel 2013 il partito era diventato un collettore di consensi sia da sinistra sia da destra, nel 2018 è stato soprattutto il travaso di voti dal Pd a gonfiare il successo dei pentastellati, mentre nel campo opposto la Lega si è avvantaggiata dell'emorragia di voti in uscita da Forza Italia[6].

Per quanto a unirli ci sia una comune e generica volontà di cambiamento, i due partiti restano divisi in quanto a storia, posizionamenti e priorità politiche. Se è più semplice applicare l'etichetta di «formazione antiestablishment» al M5s, la stessa operazione risulta più problematica per la LN, al governo per diversi anni durante la Seconda Repubblica e alla guida delle principali regioni del Paese. Allo stesso tempo, però, la Lega dal 2013 è cambiata. Ha eletto un nuovo leader, rigettato o derubricato alcune istanze del passato (come la secessione, almeno formalmente), fatto proprie parole d'ordine come il nazionalismo e l'antieuropeismo rafforzando la costante attitudine anti-immigrati e posizionandosi più nettamente a destra. La Lega Nord incarna una componente della protesta ideologicamente strutturata e ben diversa da quella rappresentata dal Movimento 5 stelle, che ha fatto dell'equidistanza dalla sinistra e dalla destra una sua bandiera [Corbetta e Gualmini 2013; Biorcio e Natale 2013]. Queste differenze si riflettono evidentemente nella composizione dei due elettorati, che mostrano punti di contatto su alcune dimensioni importanti ma che, complessivamente, esprimono tratti per certi versi complementari.

Per cominciare, l'elettorato della Lega Nord risulta più bilanciato rispetto al genere, mentre quello del M5s vede una prevalente presenza maschile. Rispetto all'età, i pentastellati sono nettamente più forti nella fascia giovanile e fino ai 50 anni, mentre perdono consensi tra gli elettori più anziani. Questo andamento decrescente del voto non si riscontra nella Lega, i cui elettori si allineano al profilo medio della popolazione, e sono solo in minima parte giovani. Differenze significative esistono anche nel livello di istruzione, che riflette in qualche modo la diversa struttura per età: se la LN vede diminuire i suoi consensi al crescere del titolo di studio, il profilo del M5s è composto soprattutto da diplomati o, comunque, da elettori con titoli medio-alti (tab. 5.6).

Tra le diverse caratteristiche sociodemografiche è la condizione professionale quella che distingue di più i due elettorati. La Lega è da sempre un partito connotato da una presenza importante di lavoratori autonomi, sia riconducibili ai settori del commercio e dell'artigianato sia dell'imprenditoria, e questo fa della Lega *anche* il partito della borghesia. Tale connotazione non deve sorprendere se si considera che una quota determinante di voti del 2018 proviene da Forza Italia, il partito che più di altri ha rappresentato (e rappresenta ancora) una parte importante di questa classe sociale. Analogamente, non sorprende che il M5s, perché formazione recente e per le caratteristiche del suo messaggio politico, riesca solo marginalmente a intercettare elettori collocati in tali *milieux* socioprofessionali. Se sono divisi in quanto a capacità di catturare il consenso dei ceti elevati, all'interno delle altre fasce lavorative i due partiti entrano in competizione. Entrambi raccolgono quote significative di elettorato operaio (più che tra gli altri partiti) ma tra chi vota Lega è decisamente meno rappresentato il lavoro impiegatizio nel comparto pubblico (tab. 5.6).

Le differenze fin qui elencate riflettono le capacità dei due partiti di agganciare specifici segmenti di popolazione indipendentemente dall'articolazione territoriale del voto. Emergono però anche alcune specificità. Rispetto a quelli del Nord gli elettori leghisti del Sud sono mediamente più istruiti, dipendenti di grandi (invece che piccole) imprese, di estrazione sociale più elevata e con un'incidenza maggiore di profili impiegatizi. L'elettorato pentastellato meridionale ha un'età media più bassa, è più istruito e tende a concentrarsi maggiormente sia tra i ceti elevati sia tra gli

TAB. 5.6. **PROFILI SOCIODEMOGRAFICI DEGLI ELETTORI DELLA LEGA E DEL M5S (2018, %)**

	LEGA	M5S	TOTALE ELETTORATO
Genere			
Uomini	50,4	50,1	51,2
Donne	49,6	49,9	48,8
Totale	100	100	100
Età			
18-30	13,0	19,9	18,0
31-60	46,8	52,1	47,8
> 60	40,2	28,0	34,2
Totale	100	100	100
Titolo di studio			
Istruzione bassa (meno del diploma)	23,6	13,5	13,6
Istruzione media (diploma)	49,6	55,2	49,6
Istruzione elevata (laurea o più)	26,8	31,3	36,8
Totale	100	100	100
Condizione occupazionale			
Occupati	69,2	67,6	67,4
Non occupati	30,8	32,4	32,6
Totale	100	100	100
Posizione lavorativa (sul totale degli occupati)			
Dipendenti pubblici	14,6	23,7	23,7
Dipendenti, piccola impresa	22,9	21,7	19,8
Dipendenti, grande impresa	36,5	39,8	37,0
Lavoratori autonomi	26,0	14,8	19,5
Totale	100	100	100
Classe sociale (sul totale degli occupati)			
Borghesia	26,7	14,4	20,6
Impiegati	38,2	50,3	48,4
Artigiani, commercianti	10,5	8,1	9,6
Operai	24,6	27,2	21,4
Totale	100	100	100
N	276	748	1.869

fonte: Elaborazione degli autori da Itanes, Indagine postelettorale 2018 Cawi (dati non pesati).

operai. Queste caratteristiche peculiari riflettono, naturalmente, anche le caratteristiche sociodemografiche ed economiche dei contesti, fortemente diversificate.

La composizione di entrambi i partiti è influenzata, poi, anche dai profili dei nuovi ingressi. Per la Lega, che ha registrato consistenti flussi in entrata, si tratta di elettori più giovani e istruiti, appartenenti ai ceti sociali più elevati e, come già evidenziato, provenienti in massima parte dal Centro-Sud. Per il M5s l'articolazione è più complessa, avendo il partito acquisito consensi politicamente disomogenei. I nuovi elettori sono in generale più anziani e, rispetto alle altre dimensioni, nettamente connotati in base alle caratteristiche dell'area politica di provenienza: gli ingressi dal centro-sinistra sono di elettori più istruiti e della fascia impiegatizia, quelli dal centro-destra (o in precedenza astenuti) hanno invece titolo di studio più basso e sono in massima parte lavoratori autonomi o riconducibili a strati sociali elevati.

Oltre i profili sociodemografici, la dimensione economica distingue i due elettorati non tanto tra loro ma rispetto al resto della popolazione. Capire quale dei due partiti sia riuscito meglio a intercettare l'area del disagio non è semplice. A prescindere dalla diversa connotazione occupazionale dei loro elettori, entrambe le formazioni hanno raccolto quote importanti di consensi da coloro i quali segnalavano di essere in condizioni di difficoltà dal punto di vista del lavoro e/o del reddito. Analogamente, entrambi gli elettorati hanno manifestato percezioni particolarmente negative circa lo stato dell'economia: per circa il 50% di chi ha votato Lega o M5s la situazione economica del Paese è peggiorata e per oltre un terzo peggiorerà (tab. 5.7). La dimensione economica, espressa nella forma dell'insoddisfazione diffusa, sembra avere quindi funzionato come base solida per le motivazioni più generali della protesta politica.

Il tema dell'insoddisfazione economica si aggancia alla questione, centrale nel dibattito pubblico, dello scontento e della critica alla politica. Non sorprende che l'elettorato del M5s presenti in misura maggiore atteggiamenti populisti e di antipartitismo che riflettono immagini fortemente negative dei partiti e delle istituzioni politiche. Colpisce, piuttosto, il fatto che su questi temi anche l'elettorato della Lega risulti sostanzialmente allineato. I due partiti sono accomunati dal fatto di monopolizzare i picchi di risentimento degli italiani nei confronti della politica. I punteggi medi di populismo raggiunti dagli elettori della Lega e del M5s sono più elevati di quelli, comunque alti, espressi dal resto dell'elettorato. Ma a fare la differenza sono lo scarto dagli altri elettori, gli atteggiamenti estremi di cinismo con cui giudicano la distanza dei politici dai cittadini, il ruolo e la qualità dell'azione dei partiti (tab. 5.7).

Un discorso diverso riguarda invece la dimensione dell'antieuropeismo. Nello scenario politico nazionale la Lega è l'unica (grande) formazione che mostra un'identità chiaramente e compattamente ostile all'Europa. Il M5s ha dato invece segnali diversi. Anche a livello di classe politica, l'immagine prevalente è quella di un partito con posizioni interlocutorie o comunque non completamente contrarie a mediazioni. Queste diverse sfumature si riflettono negli atteggiamenti dei rispettivi elettorati laddove quello della Lega appare più connotato in termini negativi di quello del M5s e, al contempo, si distanzia nettamente anche dal resto degli elettori. L'antieuropeismo risulta un tratto specifico del leghista *doc*, quello che aveva già votato il partito in passato, mentre è meno presente tra i neoleghisti. Anche nel caso del M5s la posizione moderatamente contraria all'Europa e all'euro è data dalla composizione di diversi orientamenti: i nuovi entrati dal centro-sinistra risultano meno euroscettici mentre quelli confluiti dal centro-destra (o ex astenuti) segnalano con maggiore convinzione orientamenti ostili, con la componente dei fedeli che si colloca su un livello intermedio.

Il cuore del confronto tra Lega e M5s è tuttavia sui temi più generali del dibattito politico, sulle questioni che rimandano ai valori e alle posizioni fondanti. I temi assumono un'importanza cruciale nell'avvicinare o allontanare i due partiti alle prese con la sfida del governo, come è emerso al momento di definire il programma comune su cui basare la legislatura. Al contempo rappresentano anche un banco di prova decisivo su cui si misurano la vicinanza o la distanza tra partiti ed elettori.

Un ambito particolarmente delicato e controverso di riflessione e divisione riguarda la posizione assunta rispetto all'alternativa pubblico/privato. Nel corso del tempo la Lega si è espressa abbastanza chiaramente a favore di un approccio pro mercato in economia ma ha progressivamente temperato questa posizione inglobando sfumature protezioniste favorevoli quindi a un intervento mirato dello Stato e alla nazionalizzazione come strumento di difesa delle imprese italiane. Come abbiamo evidenziato nel capitolo precedente, in campagna elettorale i cavalli di battaglia del partito sull'economia sono stati l'introduzione della *flat tax* e il superamento della riforma Fornero sulle pensioni. Mentre il primo tema si proietta in una prospettiva di rilancio dell'economia marcatamente liberista, il secondo rimanda invece a un modello di regolazione dall'alto delle relazioni lavorative e delle politiche sociali che più si allinea alle esigenze di un elettorato prossimo al pensionamento. La posizione del M5s è altrettanto articolata. Il partito ha messo al centro della proposta di cambiamento l'introduzione del reddito di cittadinanza, una misura apparentemente riconducibile a un modello di politiche socialdemocratiche (ma che lascerebbe esclusi, nella versione prospettata, i residenti con cittadinanza straniera). La bozza programmatica di accordo con la Lega ha mostrato come il partito fosse pronto a cedere in nome della priorità di formare un governo a ogni costo. Non sorprende quindi la debole opposizione, se non accettazione tacita, alla riforma fiscale proposta da Salvini, giudicata più per la sua capacità di produrre benefici a favore del ceto medio impoverito che per i rischi di allargamento delle disuguaglianze; né sorprende l'assenza di posizioni critiche sulle richieste leghiste di contrastare più duramente l'immigrazione.

A prescindere dalle sfumature di posizioni espresse dai due partiti e dalla tattica politica messa in campo, va rilevato che i rispettivi elettorati si distinguono ancora abbastanza nettamente sulla maggior parte dei temi politici. Quello leghista pende dal lato del privato e sarebbe in larga misura favorevole alla riduzione delle tasse anche a costo di ridurre i servizi (oltre il 50%). Al contrario, chi ha votato M5s assume una posizione più interlocutoria: complessivamente a favore del pubblico ma con un tratto meno netto di quello espresso dai leghisti a sostegno dell'opzione liberista. Le differenze tra i due partiti si stemperano con la domanda sulla legittimità del governo a intervenire nell'economia. I favorevoli all'assenza di regolazione sono infatti una netta minoranza anche tra i leghisti (poco più di un terzo) (tab. 5.7).

La differenza tra i due elettorati diventa più accentuata sulla maggior parte dei temi che coinvolgono la dimensione culturale-valoriale. Nel mondo leghista sono ampiamente diffusi orientamenti a favore del leaderismo e decisionismo in politica, tratti presenti con minore intensità nell'elettorato del M5s e nell'intera popolazione. Altra dimensione in cui le posizioni di Lega e M5s risultano massicciamente divergenti è quella del tradizionalismo etico, che si riflette ad esempio nel sostegno leghista alla famiglia tradizionale e nella richiesta di limitazione dell'aborto. Su questi tratti l'elettorato del M5s resta fortemente indistinto dal complesso degli elettori, confermando una caratteristica che l'accompagna fin dagli esordi, e cioè l'irrilevanza di queste dimensioni come elementi fondativi dell'identità del partito [Corbetta e Gualmini 2013].

Interessante è infine la posizione sull'immigrazione. Rispetto alle altre questioni fin qui riportate gli elettorati appaiono più vicini, pur non sovrapponendosi completamente. In generale, il livello di ostilità espresso dai leghisti è estremo rispetto a quello degli elettori del M5s, meno nettamente connotato ma comunque distinto (nel senso di maggiore chiusura) dal resto dell'elettorato, in particolare per ciò che riguarda la percezione dell'immigrazione come pericolo per l'occupazione (meno come pericolo culturale). Tra chi ha votato Lega l'immigrazione resta un problema particolarmente sentito, anche più della disoccupazione, mentre la priorità si inverte tra chi ha scelto il M5s (tab. 5.7). Va segnalato però che la rilevanza dei fenomeni cambia nelle due aree del Paese: l'immigrazione è percepita come problema più importante della disoccupazione dall'elettorato leghista solo al Nord, mentre al Sud prevale il richiamo al problema del lavoro.

In definitiva, dal confronto sin qui mostrato emerge un esito chiaro: Lega e M5s sono votati da cittadini più diversi tra loro che simili. A discriminare non è solo il tratto sociodemografico ma soprattutto gli atteggiamenti e gli orientamenti politici. Non si tratta solo della collocazione ideologica, con la Lega a destra e il M5s su una posizione indistinta, quanto della visione del mondo, della politica e delle priorità. L'elettore che ha votato Lega è più propenso ad appoggiare posizioni di chiusura, siano esse verso le minoranze (immigrati) o le élite (le istituzioni sovranazionali europee), e allo stesso tempo appare fortemente ancorato a orientamenti pro mercato sull'economia. Quello grillino presenta un

TAB. 5.7. PROFILI SOCIOPOLITICI DEGLI ELETTORI DELLA LEGA (NORD) E DEL M5S (2013-2018, %)

	LEGA	M5S	TOTALE ELETTORATO
Scontento politico			
Populismo: alto (punteggio medio)	42,0 (7,7)	49,2 (8,0)	34,2 (7,3)
Antipartitismo: alto (punteggio medio)	50,0 (6,3)	61,0 (7,0)	19,0 (4,7)
Antieuropeismo: alto (punteggio medio)	56,0 (6,4)	44,7 (5,5)	32,9 (4,1)
Sfiducia: alto (punteggio medio)	37,0 (7,1)	37,2 (7,2)	28,9 (6,8)
Difficoltà economiche (reali o percepite)			
Difficoltà di reddito: qualche difficoltà/ non arriva a fine mese	56,8	59,3	53,2
Paura di perdere il lavoro (molta + un po')	51,5	55,8	52,2
Situazione economica del Paese: peggiorata (molto peggiorata)	49,8 (17,8)	50,7 (17,2)	39,4 (13,2)
Situazione economica del Paese: peggiorerà (peggiorerà molto)	34,8 (13,0)	37,4 (9,1)	30,1 (7,6)
Collocazione sinistra-destra			
Collocati	84,4	61,4	79,1
Punteggio medio autocollocazione (dev. standard)	8,3 (2,0)	4,3 (3,0)	4,7 (3,3)
Liberismo			
Si dovrebbero ridurre le tasse anche a costo di ridurre i servizi pubblici: favorevoli (punteggio medio)	52,5 (6,5)	35,1 (5,5)	32,7 (5,1)
Il governo dovrebbe intervenire nell'economia: favorevoli (punteggio medio)	54,5 (6,2)	64,6 (6,8)	66,5 (7,0)
Autoritarismo			
C'è bisogno di un leader forte: favorevoli (punteggio medio)	89,1 (8,3)	65,9 (6,7)	69,5 (6,8)
Tradizionalismo			
Bisogna rendere più difficile l'aborto: favorevoli (punteggio medio)	38,8 (4,4)	22,8 (3,0)	26,2 (3,3)
Tutelare la famiglia tradizionale: favorevoli (punteggio medio)	63,6 (6,9)	30,8 (3,9)	32,1 (4,1)
Ostilità verso le minoranze			
Legalizzazione matrimoni omosessuali: contrari (punteggio medio)	62,4 (7,0)	34,9 (4,5)	34,1 (4,5)
Gli immigrati sono un pericolo per l'occupazione: d'accordo (massimo accordo)	83,3 (50,5)	49,6 (23,2)	47,2 (22,0)
Gli immigrati sono un pericolo per la cultura nazionale italiana: d'accordo (massimo accordo)	84,6 (46,5)	63,4 (20,5)	57,0 (20,0)
Immigrazione: problema più importante per il Paese	26,4	9,1	10,9
Disoccupazione: problema più importante per il Paese	22,8	34,0	30,7
N	276	748	1.869

fonte: Elaborazione degli autori da Itanes, Indagine postelettorale 2018. I dati su liberismo, autoritarismo e tradizionalismo sono ricavati dalla rilevazione Itanes-Swg 2013-2015.

profilo più incerto, definito da alcuni autori «multistrato» [Isernia *et al.* 2018] per la compresenza di posizioni diverse su quasi tutti i temi politici. Entrambi i partiti (ma più il M5s) intercettano una parte importante di elettorato che esprime condizioni o percezioni economiche negative, di disagio e malessere. Ma solo (o soprattutto) la Lega intercetta *anche* quei ceti sociali più benestanti che chiedono di pagare meno e di ricevere di più, che auspicano di poter fare senza essere frenati nella loro azione economica, sociale, politica, che rifiutano di perdere o anche solo di condividere le posizioni di vantaggio acquisito. Come è stato osservato in alcune interpretazioni del voto, la paura si è affermata come ideologia della Lega, la povertà come condizione del successo del M5s, e nel loro intreccio sono diventate forze che disegnano la politica italiana [Pianta 2018].

5. La sfida futura tra Lega e M5s

Partiti di lotta *e* di governo, ma anche di lotta *nel* governo, come nel caso del Carroccio [Passarelli 2010]. Lega e M5s hanno stipulato un accordo che rende alleati due sfidanti ma che, subito dopo, trasforma i contraenti del contratto in competitori. La letteratura comparata sui partiti populisti ha ampiamente messo in luce le difficoltà per queste formazioni di mantenere il consenso durante e dopo l'esperienza di governo [Mény e Surel 2002; Albertazzi e McDonnell 2015]. Tale esperienza, infatti, tende a far emergere la tensione tra la linea «rivoluzionaria» dei proclami preelettorali e il necessario pragmatismo imposto dalle regole istituzionali, dalle negoziazioni e dalla congiuntura politica, sociale ed economica. Inevitabilmente, una volta al governo le posizioni espresse durante la campagna elettorale e durante il periodo di opposizione tendono a essere mitigate, adattate alle circostanze, rese compatibili con le esigenze di altri attori politici. Non è il tradimento della causa rivoluzionaria, ma la semplice constatazione dell'imprescindibile dato di realtà, il bagno di umiltà che l'accesso al governo impone a *tutte* le forze politiche.

Il vero punto dirimente che differenzia i vari partiti giunti al governo concerne il livello di tensione prodotto dal conflitto tra aspettative generate, risultati attesi e prestazioni erogate. Una volta al governo, il contrasto tra l'ala rivoluzionaria e quella riformista viene inevitabilmente esposto al rischio della pubblica discussione. Quanto più saranno state numerose le proposte di politiche «assolute», l'esaltazione dei principi non negoziabili del partito, tanto elevata sarà la difficoltà di gestire la prova di amministrazione della cosa pubblica. I partiti populisti hanno una dose maggiore di proposte rivoluzionarie. Ciò dipende dalla loro natura sociale, dalla loro genetica che induce a essere *non* responsabili, *unaccountable*, a non dover rendere conto delle proposte avanzate, quasi sempre formulate durante la fase di permanenza all'opposizione, scelta o subita. La combinazione tra carica ideologica, irriducibilità al governo e organizzazione partitica verticistica induce i partiti antisistema ad avanzare proposte *irrealizzabili* o, meglio, praticabili solo in un contesto di non negoziazione, di non rinuncia a parte dei propri interessi da conciliare con quelli di alleati e anche avversarsi. La logica dei partiti antisistema è a «somma zero»: esiste solo un vincitore e gli altri sono sconfitti. Se è vero che durante la campagna elettorale quasi tutti i partiti avanzano proposte in parte non realizzabili immediatamente, sono solo i partiti antisistema, in virtù della loro ontologica *non responsabilità*, a essere i campioni in questo senso. Viceversa, i partiti *sistemici* tengono conto già *ex ante* della probabile fase di governo e, in ogni caso, sono ben disposti a negoziare poiché hanno conosciuto le difficoltà della fase esecutiva e le asprezze del confronto. E ciò mitiga le aspettative palingenetiche della base, degli iscritti e dei militanti che tendono a non vedere del tutto traditi i loro ideali se il partito concede dei punti agli alleati di governo.

Nel contesto italiano due esempi emblematici di partiti antisistema provengono dal Movimento sociale e dal Partito comunista. Pur con le loro ovvie diversità, ideologiche, organizzative, valoriali, erano accomunati, almeno fino agli anni Sessanta nel caso comunista, dalla volontà di cambiare la «forma di governo». Relegati per scelta e per destino alla condizione di opposizione (sistemica appunto) dalla *conventio ad excludendum*, sia il Pci sia l'Msi poterono tranquillamente praticare la non responsabilità. Le proposte elettorali erano abbastanza lontane dalla realtà, ma proprio per questo congeniali a campagne elettorali in cui si presentavano orizzonti rivoluzionari, alimentando presso gli elettori aspettative molto elevate. Inoltre, non dovevano rendere conto poiché non avrebbero scontato la pratica del governo, e di ciò erano consapevoli riuscendo quindi ad avanzare richieste e proposte molto ambiziose anche senza il controllo della loro realizzabilità.

Il Pci, a differenza dell'Msi, governò però in molti contesti locali e maturò anche una cultura di governo nazionale, sebbene sia rimasto ingabbiato da una potente carica ideologica la cui spinta permase fino alle soglie del cambiamento nel 1991 generando una tensione tra la leadership e una parte dell'elettorato. In questo senso la Lega Nord mostra una dinamica simile a quella comunista degli anni Settanta e Ottanta, con una rete diffusa di governo locale e una carica antisistemica molto forte. Tuttavia, la Lega Nord rappresenta un'eccezione anche rispetto ai casi comparati in cui i partiti populisti, in questo caso di estrema destra, accedono al governo. Per quanto sia stato per molti anni e in coalizione alla guida del Paese il partito ha perso certamente consensi, ma non tanto a causa della sua permanenza a Palazzo Chigi quanto per fattori in larga parte esogeni quali la crisi interna alla classe dirigente bossiana.

Nel caso di M5s e LN è cruciale capire quali siano le risorse materiali e simboliche che riusciranno a mettere sul piatto della bilancia per riequilibrare la spinta antisistemica e rivoluzionaria con la pratica quotidiana di amministrazione della cosa pubblica. Se si guarda al contratto per il cosiddetto «governo del cambiamento», siglato da queste due forze politiche nel maggio 2018, si possono intravedere tutte le principali proposte politiche già avanzate dalle due formazioni in campagna elettorale: per la Lega comparivano la *flat tax*, l'abolizione della riforma Fornero sulle pensioni e il rimpatrio degli immigrati irregolari; per il M5s l'introduzione del reddito di cittadinanza (in realtà reddito minimo) più misure varie anticorruzione e pro legalità. Come è stato rilevato da diversi commentatori, più che di un vero e proprio piano programmatico si è trattato di una dichiarazione di intenti volta essenzialmente a non deludere le aspettative degli elettori. Alla rilevanza economica delle innovazioni proposte (in verità più generiche quelle dei 5 stelle, più concrete quelle della Lega) non corrispondevano, infatti, indicazioni precise circa la copertura delle misure più fiscalmente onerose, se non un richiamo aleatorio agli effetti positivi derivanti dalla riduzione delle tasse.

Rispetto alla situazione di un blocco antiestablishment al potere la Lega corre paradossalmente meno rischi dal punto di vista elettorale, poiché può contare su un'area politica di riferimento in cui rientrare (forse) nei momenti di crisi. Pur con le tensioni inevitabili il partito guidato *pro tempore* da Salvini appartiene alla coalizione di centro-destra. L'alleanza con il M5s può essere dunque strategica e tattica al contempo. Strategica qualora le affinità elettive con il M5s si rivelassero maggiori delle differenze, tattica allorché l'accordo di governo non durasse. In ogni caso la LN per emanciparsi, diventare autonoma e non relegare il 2018 a un momento congiunturale dovrà confermare la sua capacità di imporsi nel centro-destra, compreso il rischio di inglobare Forza Italia (e l'alleato postfascista). Ma, ed è questo il paradosso, dovrà rimanere all'interno di una coalizione, ché con il 20-25% non può aspirare al governo in forma autonoma. L'alternativa resta quella di consolidare l'asse con il M5s, dando vita in modo più stabile e duraturo a un'inedita forma di populismo di governo antisistema.

Il Movimento 5 stelle ha in qualche misura il problema speculare. Per una formazione fondata sul rifiuto strutturale della negoziazione, delle alleanze e dell'accesso al governo in forma autonoma, rinunciare alla formazione di un esecutivo monocolore è una sonora smentita della linea tenuta per anni. Il che non rappresenta un rischio in sé, ma comporta la necessità di tenere insieme la componente riformista e quella rivoluzionaria, e soprattutto di convincere gli iscritti e gli elettori dell'esigenza e dell'inevitabile bontà del cambio di rotta. Come detto, i partiti antisistema sono ricchi di ideologia totalizzante, olistica, che non prevede interlocuzioni, contaminazioni o tradimenti. E l'accesso al potere si traduce nella conquista del «Palazzo d'Inverno», del luogo del potere nemico per eccellenza. Al contempo, il M5s, in quanto partito «rivoluzionario», non può rimanere a lungo all'opposizione sistemica procrastinando il «Sol dell'Avvenire» a un futuro non prossimo. In una fase di permanente crisi economica, anche se mitigata rispetto al 2008 (ma con il pericolo di riaccendersi per l'instabilità dei mercati), il M5s rischia di pagare la non chiara collocazione o, addirittura, la neutralità rispetto ad alcune questioni cruciali e perciò di perdere efficacia e attrattività elettorale. L'ambiguità continua a essere sistematicamente ricercata non solo su tematiche pubbliche che riguardano i diritti individuali (famiglia, minoranze, ecc.), ma anche sull'immigrazione, sull'Europa e perfino sul cavallo di battaglia della campagna elettorale quale il reddito di cittadinanza che si presta a interpretazioni discordanti. Il partito, spesso con la giustificazione dell'assenza di accordo prevalente tra gli iscritti, non assume una posizione chiara, ma ciononostante gli elettori continuano (per ora) a seguirlo. Del resto, l'argomento principale del M5s è rappresentato dalla lotta agli «sprechi» e alla presunta casta (tutto sommato, Sergio Rizzo e Gian Antonio Stella mai hanno portato evidenze chiare a supporto della loro curiosa tesi) per il controllo del metatema dell'antipolitica.

note

[1] Sul punto cfr., ad esempio, Piero Ignazi, in «il Fatto Quotidiano», 30 agosto 2015.

[2] Questo e altri spunti di riflessione sul ruolo del M5s nella crisi italiana sono sviluppati in https://blogs.mediapart.fr/benedicte-monville/blog/050318/le-mouvement-5-etoiles-une-epine-dans-le-pied-de-la-gauche-antagoniste-italienne.

[3] Non ci soffermiamo in questa sede sulle questioni relative al voto nei centri e nelle periferie delle grandi città e su quali formazioni riescano a prevalere. Alcuni studi hanno messo in luce la crisi dei consensi per il Pd nelle aree periferiche delle metropoli congiuntamente all'avanzamento del M5s. Con riferimento al voto del 2018 è emersa invece una certa capacità della Lega di sottrarre consensi proprio ai grillini negli stessi territori dei grandi poli urbani del Nord. Si rimanda, come riferimento generale, alle analisi dei flussi e agli approfondimenti sul voto nelle periferie effettuati dai ricercatori dell'Istituto Cattaneo.

[4] A spiegare l'assenza di differenze significative potrebbe, infatti, avere contribuito la dimensione decisamente più ridotta dei consensi al partito in

queste zone, caratteristica che rende poco solido il dato sulla distribuzione di voto.

[5] L'analisi che effettuiamo utilizza in realtà un indicatore impreciso della presenza straniera, quello riferito ai residenti, escludendo il dato, più difficile da raccogliere correttamente per provincia, della popolazione complessiva di non italiani che includa quindi anche i non residenti e gli irregolari.

[6] Questi grandi spostamenti di consensi sono stati rilevati in modo coerente dalle diverse analisi sui flussi elettorali effettuate, dopo il voto, nelle grandi città e anche su campioni nazionali.

Conclusioni

Opportunità e limiti del nazionalismo leghista

Alla luce di quanto elencato finora, quali sviluppi politici si profilano dunque per la Lega Nord vincente? Il versante delle opportunità appare piuttosto chiaro. Da un lato il disastro del centro-sinistra apre alla prospettiva di vittoria della LN come partito dentro la coalizione di centro-destra. Dall'altro il declino di Berlusconi ha prodotto un vuoto di identificazione per una parte importante dell'elettorato di quest'area politica, transitato al leghismo per necessità e coerenza. La leadership acquisita da Salvini e la scalata al governo sono state solo apparentemente ostacolate dalla presenza del Movimento 5 stelle, partito nuovo ma senza coalizione, ramificato sul territorio ma con una minore organizzazione interna e una scarsa esperienza amministrativa a livello locale e nazionale. Tant'è vero che, alla prova dei fatti, e di fronte all'impossibilità di praticare altre soluzioni, Lega e M5s hanno deciso di tentare di governare assieme. Scelta in realtà soppesata e pianificata almeno due anni prima delle elezioni, come riportato da esponenti di primo piano del M5s.

Vediamo invece quali sono i limiti, gli ostacoli più evidenti o anche quelli immediati che potrebbero rallentare l'azione di governo della Lega e il progetto di diventare stabilmente forza dominante della scena politica italiana. Esiste innanzitutto un limite interno, dato proprio dall'accelerazione al cambiamento dettata da Salvini. La sua segreteria ha imposto una drastica riduzione della complessità del partito, degli attriti tra le correnti, della dialettica tra amministratori e classe politica, ma anche della visibilità e rilevanza della vasta cerchia degli attivisti, da sempre motore della mobilitazione politica. Come per altri partiti che si sono andati sempre più organizzando attorno alla figura del leader, anche la Lega Nord potrebbe pagare la perdita di bilanciamento tra le varie componenti interne, con uno spostamento delle priorità dal campo delle rivendicazioni espresse dai territori a quelle delle istanze promosse dal leader.

La struttura organizzativa del partito e il ruolo della leadership richiamano una similitudine con i regimi totalitari e quelli autoritari. La transizione della leadership, secondo Linz [2000], nei regimi totalitari è complessa, ma è facilitata dal ruolo preminente del partito e allorché il capo ceda, per varie ragioni, il passo, l'organizzazione è in grado di fornire un'alternativa, sebbene con i limiti e i rischi posti dalla presenza di un eventuale leader carismatico. Nel contesto dei regimi autoritari la sopravvivenza delle istituzioni è legata a quella del capo, la cui fine politica segna le sorti del sistema stesso. Nel caso della Lega Nord, il partito guidato da Bossi può essere associato all'idealtipo «totalitario», in cui alla morte politica del leader ha fatto seguito la permanenza del partito. Viceversa, il partito di Salvini è più prossimo al modello «autoritario», in cui la leadership e il sistema-partito si fondono, e perciò le sorti di entrambi sono strettamente connesse. Per cui il declino politico ed elettorale di Salvini porterà assai probabilmente la Lega stessa in condizione di debolezza.

C'è poi un problema di posizionamento politico. È opportuno distinguere il piano dell'attualità da una riflessione di più lungo periodo. Se ci si concentra sugli esiti del voto appare chiaro che la virata a destra, in modo particolare l'enfasi quasi ossessiva sulle paure dell'immigrazione, abbia consentito alla Lega di legittimarsi come forza trainante della coalizione, nonostante il (anzi proprio in ragione del) posizionamento politico sempre più estremo. Tuttavia, se si volge lo sguardo in prospettiva emergono alcuni dubbi sulle sue reali capacità di sfruttare appieno questa congiuntura favorevole.

In primo luogo c'è il problema politico del rapporto con Forza Italia. Le elezioni del 2018 hanno restituito l'immagine di un partito che ha perso peso elettorale ma non politico, nel senso che pur essendo delegittimato resta ancora in parte indispensabile (almeno fino alla prossima tornata di voti che potrebbe drammaticamente ridimensionarlo). Resta vero, infatti, che fuori dal centro-destra Salvini, senza Berlusconi, ha i numeri per governare (con il M5s), ma non ha la certezza di mantenere il controllo sulla situazione e sul futuro dell'ala conservatrice. D'altro canto, dentro il centro-destra Salvini non ha argomenti che possano impedire a Forza Italia di giocare su due tavoli, di tentare la strada del partito moderato incorporando pezzi del Pd e in competizione con esso. Il dilemma della Lega Nord è proprio questo: non poter rischiare di perdere la nettezza della posizione (partito di destra, partito anti-grandi coalizioni), ma non riuscire a imporsi se non attraverso un nuovo voto e/o il definitivo annichilimento di FI.

Importante è, ovviamente, anche la strategia di relazioni con il M5s. Su questo terreno le posizioni nel centro-destra sono assai distanti. Per Berlusconi il M5s è il partito dei disoccupati, mentre per Salvini è necessario mantenere il dialogo con un soggetto che, al di fuori del centro-destra, rappresenta l'interlocutore più solido, con le migliori prospettive di successo e meno distante per (alcune) posizioni. A prescindere dagli esiti futuri di questa querelle le due espressioni del disagio elettorale (o della voglia di cambiamento, a seconda della lettura che si intende dare), rappresentate da Lega e 5 stelle, faranno fatica non solo a governare assieme ma anche a ricomporre le istanze di cambiamento avanzate dagli elettori in una direzione unitaria sul piano sociale e territoriale. Se è vero che al Nord la Lega è riuscita a intercettare una parte importante dell'elettorato grillino (si vedano le analisi dell'Istituto Cattaneo e di Itanes), al Sud il M5s rappresenta un argine per ora invalicabile che impedisce al leghismo di farsi progetto realmente nazionale. A prescindere dalla comune critica all'Unione Europea dei burocrati, all'immigrazione presuntamente incontrollata o alle favoleggiate caste della vecchia politica, Lega e Movimento 5 stelle ottengono successi separati e proseguono per conto proprio. Le mappe dei collegi emersi dal voto del marzo 2018, nella loro nettezza cromatica, consegnano la fotografia di un Paese spaccato in due dalla protesta: il Nord aggrappato allo sciovinismo leghista per difendere posizioni di vantaggio relativo e il Sud che demanda al ribellismo a 5 stelle la speranza di neomediazione politica.

Le prospettive circa la tenuta del governo M5s-LN non sono interessanti per sé, esposte come in tutti i contesti parlamentari all'aleatorietà delle fibrillazioni tra i partiti. È viceversa molto più stimolante sul piano intellettuale ragionare su quali siano o possano essere le dinamiche sociali, politiche ed elettorali negli equilibri tra i due contraenti. La Lega è un partito con una lunga storia, la più longeva tra quelli rilevanti presenti in parlamento. È dotata di una leadership riconosciuta all'interno e riconoscibile all'esterno. Esiste una classe dirigente e «di governo» diffusa sul territorio, che ha accumulato esperienza amministrativa e anche istituzionale. Inoltre, sebbene meno estesa e attiva che in passato, la LN poggia su una rete di iscritti e militanti che rappresentano il vero capitale sociale e politico del partito. I quadri e i dirigenti si saldano con la leadership centrale e gli eletti ai vari livelli fino a comporre un quadro di solidità organizzativa e compattezza ideologica rispetto alle scelte del «capo». Sul piano elettorale, la LN può contare su un altissimo livello di fedeltà dei suoi sostenitori, assai poco inclini a scegliere partiti diversi dal proprio, se non a livello locale.

Viceversa, il M5s è esposto a maggiori rischi di implosione poiché la leadership, sebbene centralizzata, risiede in una società privata. Il leader *pro tempore* non è sfidato da una fazione alternativa, essendo il dissenso sedato con le espulsioni, ma principalmente dall'alleato di governo. Uno scenario probabile è quello in cui una significativa componente elettorale del movimento, la più simile in quanto a profili sociali e politici, venga assorbita dalla Lega. La componente residua finirebbe, quindi, per essere potenziale preda dei partiti del centro-sinistra o per permanere all'interno del movimento come sopravvivenza ortodossa e integralista.

Infine, per valutare la tenuta del progetto leghista è necessario considerare anche quanto abbiano effettivamente reso finora sia il riposizionamento ideologico a destra sia il progetto di nazionalizzazione dei consensi. Per quanto riguarda il primo aspetto, è indubbio che nel breve periodo lo slittamento del partito verso posizioni di destra estrema abbia prodotto un allargamento del bacino di voti, seguendo una direzione del cambiamento politico (quantomeno una delle direzioni) oggi ben presente e solida a livello continentale. Ma nel lungo periodo si possono avanzare dubbi sulla reale efficacia di questa strategia. Sul piano tattico una

Lega a destra farebbe più fatica a proporsi come forza baricentrica della coalizione laddove le condizioni di contesto favorevoli a una proposta estremista dovessero venire meno (ripresa economica più solida, normalizzazione della gestione dell'immigrazione, crisi del pensiero sovranista).

Anche la nazionalizzazione del voto pone degli interrogativi importanti. Al di là della capacità effettiva di rafforzare i suoi consensi al Sud, i nuovi successi ottenuti fuori dagli insediamenti tradizionali presentano con ogni probabilità un tasso di volatilità maggiore. Inoltre, appare assai complesso per un partito che amministra soprattutto il Nord (e che ha una classe dirigente ancora in massima parte espressione di queste regioni) strutturare un progetto politico e un elenco di priorità che consentano di ricomporre in modo coerente gli interessi delle diverse parti del Paese.

Nel corso degli anni la borghesia italiana ha assecondato l'ascesa di forze antistatali, individualiste e antisolidali. La guerra urlata alla *casta* è stata vigorosa, a tratti violenta, quasi sempre senza supporto empirico se non alcune grossolane banalità e ghiotte frasi populiste formulate nel vuoto di una qualsivoglia impostazione teorica o domanda di ricerca. È stato lo sdoganamento definitivo per le pulsioni populiste e antistatali presenti in Italia fin dal 1861, tenute con difficoltà a bada solo dalla lungimiranza e dalla visione dei partiti democratici dopo il 1945. Decenni di delegittimazione di ogni agenzia culturale, istituzionale, sociale, politica hanno generato o comunque agevolato l'emergere di un gruppo culturalmente subalterno ma compatto, che ha assunto il rango di attore politico, di classe dirigente *in pectore*, anche grazie alla debolezza delle forze progressiste, ed è infine diventato *egemonico* senza averne i talenti. La borghesia ha dunque gravissime responsabilità perché ha preferito non guidare ma seguire, assecondare, condiscendere, adulare il potente di turno, chiunque esso fosse, senza porsi quale attore chiave dello sviluppo del Paese che si assume onori e oneri.

L'assenza di una classe dirigente di rango europeo, della caratura di Angela Merkel, Margaret Thatcher, Helmut Kohl, rende la democrazia italiana maggiormente esposta alle sfide populiste. In questo scenario l'azione della LN è stata ampiamente agevolata, potendo riempire un vuoto annoso che risale addirittura alla fase pre democratica.

Ne deriva che *la questione leghista* avrebbe conservato la sua salienza anche se nel 2018 il partito avesse ottenuto il 4% e rappresenterà un «problema», una *questione* seria da affrontare anche allorché il partito diminuisse significativamente i consensi. L'approfondimento teorico, politologico e sociologico va fatto non solo *sine ira et studio*, come da ovvia deontologia, ma anche al di là della congiuntura. Questo volume è infatti frutto di una ricerca pluriennale iniziata nel 2008 e che ha generato diversi prodotti editoriali. Non si confronta dunque con la Lega del 2018 *in quanto* espressione di un risultato elettorale (per noi poco o punto) eclatante, ma tenta di ragionare su quanto profondo sia il malessere del Nord, quanto pericolose siano le disuguaglianze territoriali, come vada *governata* la sfida epocale delle migrazioni di popoli, quali siano le cause della distanza siderale tra le istituzioni e molti cittadini, perché lo Stato ottiene poca legittimazione, perché si investe un'inezia in istruzione e ricerca a fronte della necessità grandissima del Paese di *educare* i suoi cittadini. L'affermazione della Lega Nord va dunque ben al di là del mero, congiunturale *commento* elettorale, è un indicatore di un irrisolto tema politico, del sistema partitico e istituzionale dell'Italia.

La *protesta* politica si inserisce in questa condizione di incertezza, debolezza istituzionale, frammentazione e polarizzazione, essendo al contempo *causa* e *risultato*.

La Lega Nord è stata fin dalla sua nascita imprenditrice della protesta, contro Roma, contro lo Stato, contro la politica, contro il governo e le forme organizzate e collettive di gestione del bene pubblico come le tasse. La peculiarità del partito di Salvini risiede nel fatto che, oltre alla (legittima, sebbene non sempre fondata) protesta, rappresenti una forza politica che aspira a governare il Paese mettendone in discussione la collocazione europea (le politiche non c'entrano). Sul piano diplomatico internazionale questa ambizione di «nazionalismo subnazionale» segnala una distorsione ottica, una schizofrenica incompetenza in politica estera che risponde a una chiara strategia sovranazionale. L'apparente contraddittorio sostegno alle politiche di Donald Trump e di Vladimir Putin sottintende in realtà un coerente disegno di smembrare il progetto dell'Unione Europea (anche in questo caso le singole politiche non c'entrano).

La condizione della Lega, al netto delle evidenti peculiarità, è tuttavia abbastanza coerente con quella della destra italiana in cerca di un autore che, anziché ribadire la centralità dello Stato e delle sue istituzioni, è ancora aggrovigliata sul lascito del «male assoluto» del XX secolo e non riesce (non sa) proporsi come forza moderna, conservatrice al pari di quello che accade in Germania, Francia, Spagna o Gran Bretagna e perfino negli Stati Uniti, laddove il Partito repubblicano è assai articolato e ricco di posizioni ben oltre lo spauracchio di Trump.

La supremazia sulla *protesta* è stata sfidata dal M5s che ha ingaggiato una contesa per sostituire la Lega sul tema dell'antipolitica e della politica *contro*. Al di là delle fortune del comune progetto di governo, LN e M5s rappresentano al contempo, come abbiamo qui largamente argomentato, due aspetti dello stesso fenomeno, ma anche simmetriche posizioni circa le modalità con cui esprimere la protesta e i riferimenti valoriali a essa connessi. Due sfidanti, due alleati che, sullo stesso piano della *protesta* e del *populismo*, mettono in discussione le basi della democrazia costituzionale.

La *questione leghista* è, infine, paradigmatica di quanto in Italia permanga la *questione nazionale*. Lo Stato si è ritirato. Esistono ancora zone in mano alla criminalità organizzata, enclave all'interno del territorio italiano *de facto* governate da gruppi paralleli che suppliscono alle carenze statuali reclutando manodopera per i clan, offrendo un rudimentale e primordiale servizio di welfare basato sulla fedeltà, generando identità e campando sulla frustrazione e l'antisocialità. Lo Stato deve tornare a rioccupare, con tutte le sue agenzie, quei territori: scuole, forze di polizia, presidi sanitari, trasporti, università di eccellenza. Lo deve fare, innanzitutto, per interrompere quella secessione già avviata (forse già compiuta) di fatto. Non c'è futuro se si abbandonano i centri abitati minori, quasi sempre situati in zone collinari e montane, spesso lasciati senza servizi pubblici essenziali. In tal caso la disperazione farà sostenere inevitabilmente, e una volta di più, il demagogo di turno.

Riferimenti bibliografici

Riferimenti bibliografici

Agnew, J.A., Shin, M. e Bettoni, G.
2002 *City versus Metropolis: The Northern League in the Milan Metropolitan Area*, in «International Journal of Urban and Regional Research», vol. 26, n. 2, pp. 266-283.

Akkerman, A., Mudde, C. e Zaslove, A.
2013 *How Populist Are the People? Measuring Populist Attitudes in Voters*, in «Comparative Political Studies», vol. 47, n. 9, pp. 1324-1353.

Alasia, F. e Montaldi, D.
1960 *Milano, Corea. Inchiesta sugli immigrati*, Milano, Feltrinelli.

Albertazzi, D. e McDonnell, D.
2015 *Populists in Power*, London, Routledge.

Arceneaux, K.
2003 *The Conditional Impact of Blame Attribution on the Relationship between Economic Adversity and Turnout*, in «Political Research Quarterly», vol. 56, n. 1, pp. 67-75.

Bagnasco, A.
1982 *Tre Italie. La problematica territoriale dello sviluppo italiano*, Bologna, Il Mulino.

Baldini, G.
2014 *Populismo e democrazia rappresentativa in Europa*, in «Quaderni di sociologia», vol. 65, pp. 11-29.

Barraclough, R.
1998 *Umberto Bossi: Charisma, Personality and Leadership*, in «Modern Italy», vol. 3, n. 2, pp. 263-269.

Bellucci, P.
2001 *Un declino precocemente annunciato? Il voto di classe in Italia 1968-1996*, in «Polis», vol. 15, n. 2, pp. 203-226.

Bellucci, P. e Petrarca, C.
2007 *Valori politici e scelte di voto*, in Maraffi [2007, 209-234].

Bellucci, P. e Segatti, P. (a cura di)
2010 *Votare in Italia: 1968-2008. Dall'appartenenza alla scelta*, Bologna, Il Mulino.

Bergh, J.
2004   *Protest Voting in Austria, Denmark and Norway*, in «Scandinavian Political Studies», vol. 27, n. 4, pp. 367-389.

Berselli, E.
2007   *L'ideologia del forzaleghismo*, in «la Repubblica», 20 agosto.

Berta, G. (a cura di)
2007   *La questione settentrionale. Economia e società in trasformazione*, Milano, Feltrinelli.

Betz, H.-G.
1994   *Radical Right-Wing Populism in Western Europe*, London, Macmillan.

Biorcio, R.
1997   *La Padania promessa*, Milano, il Saggiatore.
2010   *La rivincita del Nord. La Lega dalla contestazione al governo*, Roma-Bari, Laterza.

Biorcio, R. e Natale, P.
2013   *Politica a 5 stelle. Idee, storia e strategie del movimento di Grillo*, Milano, Feltrinelli.

Bochsler, D.
2010   *Measuring Party Nationalisation: A New Gini-Based Indicator that Corrects for the Number of Units*, in «Electoral Studies», vol. 29, n. 1, pp. 155-168.

Bornschier, S.
2010   *The New Cultural Divide and the Two-Dimensional Political Space in Western Europe*, in «West European Politics», vol. 33, n. 3, pp. 419-444.

Brody, R.A. e Sniderman, P.
1977   *From Life Space to Polling Place: The Reliance of Personal Concerns for Voting Behavior*, in «British Journal of Political Science», vol. 7, n. 3, pp. 337-360.

Brunazzo, M. e Gilbert, M.
2017   *Insurgents against Brussels: Euroscepticism and the Right-Wing Populist Turn of the Lega Nord since 2013*, in «Journal of Modern Italian Studies», vol. 22, n. 5, pp. 624-641.

Caiani, M.
2014   *Le grandi contraddizioni della destra populista*, in «il Mulino», vol. 63, n. 3, pp. 450-458.

Cammelli, M.G.
2015   *Fascisti del terzo millennio. Per un'antropologia di CasaPound*, Verona, Ombre corte.

Canovan, M.
1981   *Populism*, New York, Harcourt Brace Jovanovich.

Cartocci, R.
1994 *Fra Lega e Chiesa. L'Italia in cerca di integrazione*, Bologna, Il Mulino.
Cento Bull, A.
2010 Addressing Contradictory Needs: The Lega Nord and Italian Immigration Policy, in «Patterns of Prejudice», vol. 44, n. 5, pp. 411-431.
Chiaramonte, A. e Emanuele, V.
2015 Party System Volatility, Regeneration and De-Institutionalization in Western Europe (1945-2015), in «Party Politics», vol. 23, n. 4, pp. 376-388.
2018 Towards Turbulent Times: Measuring and Explaining Party System (De-)Institutionalization in Western Europe (1945-2015), in «Rivista Italiana di Scienza Politica», pp. 1-23.
Conti, N. e Verzichelli, L.
2005 *La dimensione europea del discorso politico in Italia: un'analisi diacronica delle preferenze partitiche (1950-2001)*, in M. Cotta, P. Isernia e L. Verzichelli (a cura di), *L'Europa in Italia. Élite, opinione pubblica e decisioni*, Bologna, Il Mulino, pp. 61-116.
Corbetta, P. e Gualmini, E.
2013 *Il partito di Grillo*, Bologna, Il Mulino.
Corbetta, P. e Passarelli, G.
2015 *Fisionomia elettorale delle regioni italiane*, in L. Sciolla e M. Salvati (dir. da), *L'Italia e le sue regioni*, Roma, Istituto della Enciclopedia Italiana, pp. 233-245.
Cotta, M. e Isernia, P. (a cura di)
1996 *Il gigante dai piedi di argilla. La crisi del regime partitocratico in Italia*, Bologna, Il Mulino.
Crouch, C.
2004 *Post-democracy*, Cambridge, Polity; trad. it. *Postdemocrazia*, Roma-Bari, Laterza, 2003.

Damilano, M.
2017 *Processo al nuovo*, Roma-Bari, Laterza.
De Sio, L. e Schadee, H.M.A.
2018 *Tanto tuonò che piovve: la campagna elettorale nei giornali e in televisione*, in Itanes [2018].
De Winter, L. e Türsan, H. (a cura di)
1998 *Regionalist Parties in Western Europe*, London, Routledge.
Diamanti, I.
1993 *La Lega. Geografia, storia e sociologia di un nuovo soggetto politico*, Roma, Donzelli.
1996 *Il male del Nord. Lega, localismo, secessione*, Roma, Donzelli.
2003 *Bianco, rosso, verde e... azzurro*, Bologna, Il Mulino.

Diamanti, I., Bordignon, F. e Ceccarini, L.
2013 *Un salto nel voto. Ritratto politico dell'Italia di oggi*, Roma-Bari, Laterza.

Downs, A.
1957 *An Economic Theory of Democracy*, New York, Harper; trad. it. *Teoria economica della democrazia*, Bologna, Il Mulino, 1988.

Feltrin, P.
2010 *Le scelte elettorali dell'ultimo quinquennio: voto di classe e voto degli iscritti al sindacato*, in «Quaderni di Rassegna Sindacale. Lavori», pp. 83-110.

Germani, G.
1975 *Autoritarismo, fascismo e classi sociali*, Bologna, Il Mulino.

Gribaudi, G.
1987 *Mondo operaio e mito operaio. Spazi e percorsi sociali a Torino nel primo Novecento*, Torino, Einaudi.

Habermas, J.
1981 *Theorie des kommunikativen Handelns*, 2 voll., Frankfurt a.M., Suhrkamp; trad. it. *Teoria dell'agire comunicativo*, 2 voll., Bologna, Il Mulino, 1997.

Hinich, M.J. e Munger, M.C.
1997 *Analytical Politics*, New York, Cambridge University Press.

Ignazi, P.
2003 *Extreme Right Parties in Western Europe*, Oxford, Oxford University Press.
2014 *Vent'anni dopo. La parabola del berlusconismo*, Bologna, Il Mulino.

Inglehart, R. e Norris, P.
2017 *Trump and the Populist Authoritarian Parties: The Silent Revolution in Reverse*, in «Perspectives on Politics», vol. 15, n. 2, pp. 443-454.

Isernia, P., Pessato, M., Piccolino, G. e Scavo, A.
2018 *Cinque stelle o millefoglie?*, in «il Mulino», 22 maggio, https://www.rivistailmulino.it/news/newsitem/index/Item/News:NEWS_ITEM:4368.

Itanes
2008 *Il ritorno di Berlusconi. Vincitori e vinti nelle elezioni del 2008*, Bologna, Il Mulino.
2013 *Voto amaro. Disincanto e crisi economica nelle elezioni del 2013*, Bologna, Il Mulino.
2018 *Vox populi. Il voto ad alta voce del 2018*, Bologna, Il Mulino.

Kriesi, H. e Pappas, T.S. (a cura di)
2016 *European Populism in the Shadows of the Great Recession*, London, Ecpr Press.

Lepsius, M.R.
2006 *Il significato delle istituzioni*, Bologna, Il Mulino.
Lewis-Beck, M.S. e Stegmaier, M.
2007 *Economic Models of Voting*, in J.D. Russell e H.-D. Klingemann (a cura di), *The Oxford Handbook of Political Behavior*, Oxford, Oxford University Press, pp. 520-530.
Linz, J.J.
2000 *Totalitarian and Authoritarian Regimes*, Boulder, Colo., Lynne Rienner; trad. it. *Sistemi totalitari e regimi autoritari. Un'analisi storico-comparativa*, Soveria Mannelli, Rubbettino, 2006.

Mancosu, M.
2015 *La pista nera. Il successo della Lega in Toscana e l'eredità del Msi*, Roma, Cise, https://cise.luiss.it/cise/wp-content/uploads/2015/09/DCISE7_4-9.pdf.
Mancosu, M., Vassallo, S. e Vezzoni, C.
2017 *Believing in Conspiracy Theories: Evidence from an Exploratory Analysis of Italian Survey Data*, in «South European Society and Politics», vol. 22, n. 3, pp. 327-344.
Maraffi, M. (a cura di)
2007 *Gli italiani e la politica*, Bologna, Il Mulino.
Mény, Y. e Surel, Y.
2002 *The Constitutive Ambiguity of Populism*, in Idd. (a cura di), *Democracies and the Populist Challenge*, Basingstoke, Palgrave Macmillan, pp. 1-21.
Mudde, C.
2004 *The Populist Zeitgeist*, in «Government and Opposition», vol. 39, n. 4, pp. 541-563.
2007 *Populist Radical Right Parties in Europe*, Cambridge, Cambridge University Press.
Müller, J.-W.
2016 *What Is Populism?*, London, Penguin; trad. it. *Cos'è il populismo?*, Milano, Università Bocconi, 2017.

Panebianco, A.
1982 *Modelli di partito. Organizzazione e potere nei partiti politici*, Bologna, Il Mulino.
Pasquino, G.
1991 *Meno partiti più Lega*, in «Polis», vol. 5, n. 1, pp. 555-564.
1992 *La nuova politica*, Roma-Bari, Laterza.

Passarelli, G.
2010 *Emilia-Romagna. Regione rossa, ma contendibile?*, in B. Baldi e F. Tronconi (a cura di), *Le elezioni regionali del 2010*, Bologna, Istituto Carlo Cattaneo, pp. 123-138.
2013 *Extreme Right Parties in Western Europe: The Case of the Italian Northern League*, in «Journal of Modern Italian Studies», vol. 18, n. 1, pp. 53-71.
2015 *Populists and the Lega Nord*, in E. Jones e G. Pasquino (a cura di), *The Oxford Handbook of Italian Politics*, Oxford, Oxford University Press, pp. 224-239.

Passarelli, G. e Tuorto, D.
2012a *The Lega Nord Goes South. The Electoral Advance in Emilia-Romagna: A New Territorial Model?*, in «Political Geography», vol. 31, n. 7, pp. 419-428.
2012b *Lega & Padania. Storie e luoghi delle camicie verdi*, Bologna, Il Mulino.
2012c *Ceramiche verdi a Sassuolo. Uno studio in profondità sulla Lega Nord in Emilia-Romagna*, in «Etnografia e ricerca qualitativa», vol. 5, n. 2, pp. 261-288.
2012d *Attivisti di partito in Italia. Il caso della Lega Nord: un partito anomalo?*, in «Polis», vol. 26, n. 2, pp. 255-284.
2012e (a cura di), *La Lega Nord in Emilia-Romagna: uno studio in profondità. Elezioni, partito e sub cultura territoriale*, Bologna, Istituto Carlo Cattaneo.
2018a *The Meanings of Party Membership: A Comparison of Three Parties*, in «Contemporary Italian Politics», vol. 10, n. 2, pp. 170-192.
2018b *The Five Star Movement: Purely a Matter of Protest? The Rise of a New Party between Political Discontent and Reasoned Voting*, in «Party Politics», vol. 24, n. 2, pp. 129-140.
2018c *La Lega di Salvini: verso l'egemonia del centro-destra*, in Itanes [2018].

Perrineau, P.
1988 *Front national: l'écho politique de l'anomie urbaine*, in «Esprit», vol. 136/137, n. 3-4, pp. 22-38.

Pessato, M., Fonda, R. e Benetti, R.
2018 *I prodromi percettivi del voto. I trend lunghi*, paper presentato al convegno Pope-Itanes, Salerno, 10-11 maggio.

Pianta, M.
2018 *Lib-pop: il piano giallo-verde*, in «Sbilanciamoci», http://sbilanciamoci.info/lib-pop-un-governo-piu-neoliberale-populista.

Pisati, M.
2010 *Voto di classe. Posizione sociale e preferenze politiche in Italia*, Bologna, Il Mulino.

Pizzimenti, E. e Ignazi, P.
2011 *Finanziamento pubblico e mutamenti organizzativi nei partiti italiani*, in «Rivista Italiana di Scienza Politica», vol. 41, n. 2, pp. 199-236.

Rosenstone, S.J.
1982 *Economic Adversity and Voter Turnout*, in «American Journal of Political Science», vol. 26, n. 1, pp. 25-46.

Rumiz, P.
2001 *La secessione leggera. Dove nasce la rabbia del profondo Nord*, Milano, Feltrinelli.

Sartori, G.
1976 *Parties and Party System: A Framework for Analysis*, Cambridge, Cambridge University Press.

Schadee, H., Ballarino, G. e Vezzoni, C.
2009 *Classe sociale e voto in Italia: 1972-2006*, in «Rivista Italiana di Scienza Politica», vol. 39, n. 2, pp. 263-293.

Schlozman, K.L. e Verba, S.
1979 *Injury to Insult: Unemployment, Class, and Political Response*, Cambridge, Mass., Harvard University Press.

Sciolla, L.
2012 *Il paradosso di un Paese poco istruito*, in «il Mulino, n. 6, pp. 1011-1018.

Serricchio, F.
2018a *Gli italiani, l'Europa e la crisi*, Torino, Giappichelli.
2018b *Il peso dell'Europa nel voto 2018*, in Itanes [2018].

Shin, M. e Agnew, J.A.
2002 *The Geography of Party Replacement in Italy, 1987-1996*, in «Political Geography», vol. 21, n. 2, pp. 221-242.
2007 *The Geographical Dynamics of Italian Electoral Change, 1987-2001*, in «Electoral Studies», vol. 26, n. 2, pp. 287-302.

Shin, M. e Passarelli, G.
2012 *Northern League in National, European and Regional Elections: A Spatial Analysis*, in «Polis», vol. 26, n. 3, pp. 355-369.

Tarchi, M.
2015 *Italia populista. Dal qualunquismo a Beppe Grillo*, Bologna, Il Mulino.

Tillman, E.R.
2008 *Economic Judgments, Party Choice, and Voter Abstention in Cross-National Perspective*, in «Comparative Political Studies», vol. 41, n. 9, pp. 1290-1309.

Tronconi, F.
2009 *I partiti etnoregionalisti. La politica dell'identità territoriale in Europa occidentale*, Bologna, Il Mulino.

Truglia, F.G.
2018 *Territorializzazione del consenso elettorale: determinanti spaziali, socio-economici e culturali*, relazione all'incontro di studio «Elezioni politiche e regionali 2017/18: proposte e strategie dei partiti, risposta elettorale e impatto sul sistema politico italiano», Dipartimento di Scienze Politiche, Sociali e della Comunicazione dell'Università degli Studi di Salerno, 10-11 maggio.

van der Brug, W., Fennema, M. e Tillie, J.
2000 *Anti-immigrant Parties in Europe: Ideological or Protest Vote?*, in «European Journal of Political Research», vol. 37, n. 1, pp. 77-102.

van Kessel, S.
2015 *Populist Parties in Europe: Agents of Discontent?*, Basingstoke, Palgrave Macmillan.

Verbeek, J.A., Zaslove, A. e Rooduijn, M.
2018 *Italian Populism: Toppling and Re-Building the Party System Twice*, in A. Zaslove e S.B. Wolinetz (a cura di), *Absorbing the Blow: Populist Parties and their Impact on Parties and Party Systems*, London, Rowman & Littlefield, pp. 197-222.

Vignati, R.
2018 *Dal Pd al M5s, dal M5s alla Lega: analisi degli spostamenti di voto*, in M. Valbruzzi e R. Vignati (a cura di), *Il vicolo cieco. Le elezioni politiche del 4 marzo*, Bologna, Il Mulino, 2018, pp. 185-211.

Zanatta, L.
2013 *Il populismo*, Roma, Carocci.

Finito di stampare nel mese di settembre 2018
presso la Tipografia Casma, Bologna

Stampato su carta Arcoprint Milk di Fedrigoni S.p.A.,
prodotta nel pieno rispetto del patrimonio boschivo

contemporanea

ultimi volumi pubblicati:

237. Lorenzo Bini Smaghi, *33 false verità sull'Europa*
238. Federico Bonaglia e Lucia Wegner, *Africa. Un continente in movimento*
239. Giorgio Barba Navaretti e Ottaviano Gianmarco I.P., *Made in Torino? Fiat Chrysler Automobiles e il futuro dell'industria*
240. Leonardo Becchetti, *Wikieconomia. Manifesto dell'economia civile*
241. Paolo Sestito, *La scuola imperfetta. Idee per spezzare un circolo vizioso*
242. Giuseppe Berta, *La via del Nord. Dal miracolo economico alla stagnazione*
243. Marco Tarchi, *Italia populista. Dal qualunquismo a Beppe Grillo*
244. Sara Bentivegna, *A colpi di tweet. La politica in prima persona*
245. Emanuele Felice, *Ascesa e declino. Storia economica d'Italia*
246. Paola Bonora, *Fermiamo il consumo di suolo. Il territorio tra speculazione, incuria e degrado*
247. Paolo Mancini, *Il post partito. La fine delle grandi narrazioni*
248. Ignazio Visco, *Perché i tempi stanno cambiando*
249. Massimo Livi Bacci, *Il pianeta stretto*
250. Sandro Trento, Flavia Faggioni, *Imprenditori cercasi. Innovare per riprendere a crescere*
251. Antonio La Spina, *Il mondo di mezzo. Mafie e antimafie*
252. Gastone Breccia, *Guerra all'ISIS. Diario dal fronte curdo*
253. Gian Enrico Rusconi, *Egemonia variabile. La Germania e la sindrome Bismarck*
254. Gilberto Corbellini e Chiara Lalli, *Cavie? Sperimentazione e diritti animali*

255. Franco Garelli, *Piccoli atei crescono. Davvero una generazione senza Dio?*
256. Joseph S. Nye jr., *Fine del secolo americano?*
257. Giuseppe Berta, *Che fine ha fatto il capitalismo italiano?*
258. Chiara Saraceno, *Mamme e papà. Gli esami non finiscono mai*
259. Alberto Orioli, *Gli oracoli della moneta. L'arte della parola nel linguaggio dei banchieri centrali*
260. Maria Rosaria Ferrarese, *Promesse mancate. Dove ci ha portato il capitalismo finanziario.*
261. Tiziana Iaquinta e Anna Salvo, *Generazione TVB. Gli adolescenti digitali, l'amore e il sesso*
262. Enrico Letta, *Contro venti e maree. Idee sull'Europa e sull'Italia*
263. Marina Calculli e Francesco Strazzari, *Terrore sovrano. Stato e jihad nell'era postliberale*
264. Lorenzo Bini Smaghi, *La tentazione di andarsene. Fuori dall'Europa c'è un futuro per l'Italia?*
265. *Ricchi per caso. La parabola dello sviluppo economico italiano*, a cura di Paolo Di Martino e Michelangelo Vasta
266. Piergiorgio Corbetta, *M5s. Come cambia il partito di Grillo*
267. Fabio Mini, *Che guerra sarà*
268. Cass R. Sunstein, *#republic. La democrazia nell'epoca dei social media*
269. Vittorio Emanuele Parsi, *Titanic. Il naufragio dell'ordine liberale*
270. Marzio Barbagli, *Alla fine della vita. Morire in Italia e in altri paesi occidentali*
271. Marco Guidi, *Atatürk addio. Come Erdoğan ha cambiato la Turchia*
272. Enrico Pugliese, *Quelli che se ne vanno. La nuova emigrazione italiana*
273. Giacomo Stella e Marina Zoppello, *Nessuno è somaro. Storie di scolari, genitori e insegnanti*
274. Manlio Graziano, *L'Isola al centro del mondo. Una geopolitica degli Stati Uniti*
275. Paul De Grauwe, *I limiti del mercato. Da che parte oscilla il pendolo dell'economia?*
276. Gianluca Passarelli e Dario Tuorto, *La Lega di Salvini. Estrema destra di governo*